유래를 통해 배우는
초등 사회 13. 세계사

그래서
이런 세계사가
생겼대요

유래를 통해 배우는
초등 사회 13. 세계사

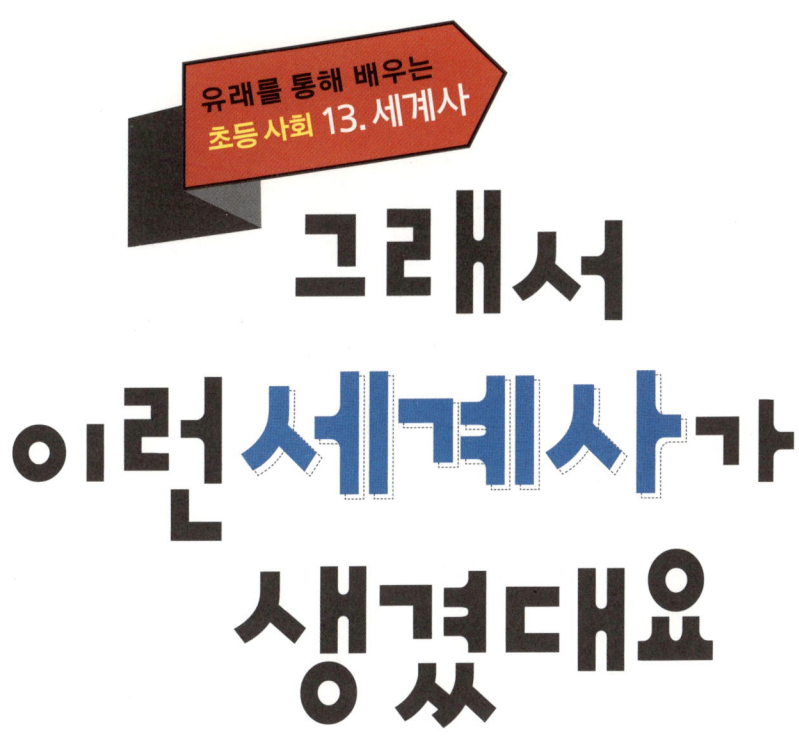

그래서 이런 세계사가 생겼대요

우리누리 글 | 우지현 그림

길벗스쿨

책머리에

"어휴, 뭐가 이렇게 많고 복잡해?"
"이름도 어렵고 헷갈려."

세계사를 접하고 이런 생각을 해 본 친구들이 정말 많을 거예요. 아무리 짧게 추리고 쉽게 설명하려고 해도 인류의 지난 역사가 고스란히 담겨 있으니, 복잡하고 어려울 수밖에 없지요.

하지만 지금은 글로벌 시대예요. 각 나라의 정서와 문화를 이해할 수 있는 사람이 글로벌 리더로서 자신의 꿈을 멋지게 그려 볼 수 있는 시대이지요. 그런데 각 나라의 역사가 갖고 있는 특별한 이야기들을 모른다면 어떻게 제대로 이해할 수 있겠어요? 따라서 세계사를 이해하는 것은 자신의 발전을 위해서도 꼭 필요한 준비랍니다.

《그래서 이런 세계사가 생겼대요》는 인류가 밟아 온 역사 가운데 가장 중요한 부분을, 머리에 쏙쏙 담겨질 수 있도록 짧으면서도 자세히 다루고 있어요. 또한 만화를 곁들여 주요 사건을 더욱 잘 이해할 수 있도록 했지요.

칭기즈 칸이 어떻게 몽골 대제국을 건설했는지, 프랑스 대혁명이 일어나서 유럽이 어떻게 변화했는지, 아편으로 인해 중국의 역사가 어떻게 바뀌었는지 등 재미있고 놀라운 이야기들이 가득하답니다.

인류의 시작부터 현재 벌어지고 있는 중요한 일들까지, 세계사를 내 손 안에 꽉 잡아 보세요.

이 책이 세계 속으로 여러분을 안내하는 길라잡이가 되어 줄 거예요.

글쓴이 우리누리

차례

1장 고대 문명의 발전과 국가의 성립

- 12 아프리카에서 최초의 인류가 탄생했대요 - **최초의 인류, 루시**
- 14 두 개의 강 사이에서 최초의 문명이 생겨났어요 - **메소포타미아 문명**
- 16 어머니의 강, 나일 강이 문명을 발전시켰어요 - **이집트 문명**
- 18 흙벽돌로 둘러싸인 고대 도시, 모헨조다로 - **인더스 문명**
- 20 황허와 양쯔 강에 문명이 꽃피었어요 - **중국 문명**
- 22 고대 인류가 세운 가장 넓은 제국 - **페르시아 제국**
- 24 불평등한 사회를 비판한 새로운 사상 - **불교의 탄생**
- 26 민주주의의 고향, 그리스에서 생긴 일 - **그리스의 민주 정치**
- 28 지중해의 강자를 가리자 - **페르시아 전쟁**
- 30 자유로운 분위기로 서양 문화의 뿌리를 만들었어요 - **그리스 문화**
- 32 어지러운 세상에서 다양한 사상이 꽃피었어요 - **제자백가**
- 34 서양과 동양을 아우른 정복왕 - **알렉산드로스 대왕과 헬레니즘**
- 36 로마가 지중해의 주인이 되었어요 - **로마 제국과 포에니 전쟁**
- 38 분열의 시대를 끝내고 중국을 통일했어요 - **진나라의 중국 통일**
- 40 철기 문명과 유교로 나라의 기틀을 다졌어요 - **한나라**
- 42 동서양 문물의 거대한 무역로 - **비단길 개척**
- 44 로마 공화정, 그 변화의 시작 - **삼두 정치와 카이사르**
- 46 로마에 평화의 시대가 찾아왔어요 - **아우구스투스**
- 48 예수가 나타나 어지러운 세상을 구원해요 - **크리스트교의 성립과 발전**
- 50 아프리카 최초의 왕국이 생겼어요 - **가나 왕국**

52 　아시아의 훈 족이 유럽을 시끄럽게 했어요 **- 훈 족의 침입**

54 　로마가 둘로 나뉘고 서로마가 멸망했어요 **- 서로마의 멸망**

2장 새로운 제국의 출현

58 　이슬람교를 만들고 아라비아 반도를 통일했어요 **- 무함마드**

60 　유목민의 문화가 가득했던 당나라의 흥망성쇠 **- 당나라**

62 　게르만 족이 서로마 황제의 관을 받았어요 **- 카롤루스 대제의 대관**

64 　바이킹이 얼음의 땅에 도착했어요 **- 아이슬란드의 발견**

66 　로마 황제가 교황 앞에 무릎을 꿇었어요 **- 카노사의 굴욕**

68 　하느님의 이름을 더럽힌 비극적인 전쟁이에요 **- 십자군 전쟁**

70 　중국의 불교와 인도의 힌두교가 섞였어요 **- 동남아시아의 제국들**

72 　기사와 농노의 시대 **- 봉건 제도와 장원 제도**

74 　인류 역사상 가장 넓은 제국을 만들었어요 **- 칭기즈 칸과 몽골 제국**

76 　유럽 사회를 뒤흔든 무서운 병 **- 흑사병**

78 　오랑캐를 쫓아내고 원래의 중국을 회복하자 **- 명나라**

80 　봉건 시대가 막을 내렸어요 **- 백 년 전쟁**

3장 꽃피는 문화와 기술의 발전

84 　인간을 중심으로 하는 시대가 열렸어요 **- 르네상스**

86 　유럽의 학문과 지식 수준을 한 단계 높였어요 **- 구텐베르크의 인쇄술**

88 　유럽에서 아시아와 아메리카로 눈을 돌렸어요 **- 신항로 개척**

90 　부패한 로마 가톨릭 교회를 개혁해요 **- 종교 개혁**

92 　역사 속으로 사라진 아메리카 문명 **- 아스테카, 잉카의 멸망**

94	이슬람과 인도 문화가 만났어요 -	**무굴 제국**
96	일본이 오랜 분열을 끝내고 통일했어요 -	**일본의 통일**
98	식민지 무역은 전부 내 손안에! -	**영국의 동인도 회사**
100	누르하치의 자손들이 청나라를 세웠어요 -	**청나라 건국**
102	프랑스 역사상 가장 강력한 힘을 가진 왕 -	**루이 14세**
104	강력한 힘으로 러시아를 일으켰어요 -	**표트르 대제**

4장 근대 사회로 가는 길

108	양을 기르기 위해 농민들을 쫓아냈어요 -	**인클로저 운동**
110	왕이 상징적인 존재로 남게 되었어요 -	**명예혁명**
112	새로운 기계의 발명이 세상을 바꾸었어요 -	**산업 혁명**
114	무거운 세금이 식민지 사람들을 화나게 했어요 -	**미국의 독립**
116	영국의 죄수들을 호주에 보냈어요 -	**유럽 인의 호주 정착**
118	가난에 시달리던 시민들이 혁명을 일으켰어요 -	**프랑스 혁명**
120	국민 국가의 씨앗을 뿌린 나폴레옹 -	**나폴레옹**
122	볼리바르가 남아메리카를 위해 다섯 나라를 해방시켰어요 -	**남미의 해방**
124	아편 전쟁이 일어난 뒤 중국이 근대화에 눈떴어요 -	**중국의 근대화 운동**
126	마르크스가 전 세계 노동자를 단결시켰어요 -	**공산당 선언**
128	화가 난 인도 사람들이 하나로 뭉쳤어요 -	**세포이 항쟁**
130	노예 제도를 둘러싼 남과 북의 대립 -	**남북 전쟁**
132	일본이 서구 세력에게 나라의 문을 열어 주었어요 -	**메이지 유신**
134	비스마르크가 독일 제국을 세웠어요 -	**철혈 재상의 독일 통일**
136	뉴질랜드가 세계 최초로 여성 투표권을 인정했어요 -	**여성 참정권**
138	섬나라 일본이 거대한 청나라를 이겼어요 -	**청일 전쟁**

140 아프리카에서 영국과 프랑스가 충돌했어요 - **아프리카의 분할**

5장 분열과 혼돈, 그리고 평화

144 중국에 동아시아 최초의 민주 공화국이 세워졌어요 - **신해혁명**
146 유럽의 제국주의 국가들이 전쟁으로 맞붙었어요 - **제1차 세계 대전**
148 세계 최초의 사회주의 국가가 탄생했어요 - **러시아 혁명**
150 우리 민족의 운명은 스스로 결정한다고요? - **민족 자결주의**
152 검은 목요일에 세계 경제가 무너졌어요 - **세계 대공황**
154 영국에 맞선 간디의 비폭력·불복종 운동 - **단디 행진**
156 독일, 이탈리아, 일본에 불어닥친 핏빛 바람 - **전체주의**
158 전 세계를 뒤흔든 전쟁의 시작 - **제2차 세계 대전의 발발**
160 두 번 다시 일어나지 말아야 할 전쟁 - **제2차 세계 대전의 결말**
162 세계 전쟁 뒤 평화를 위한 국제기구가 생겼어요 - **국제 연합**
164 이스라엘과 팔레스타인이 땅 때문에 다투었어요 - **이스라엘 건국**
166 국민당과 공산당으로 갈라진 중국 - **중화 인민 공화국 수립**
168 자본주의와 사회주의로 갈라진 세상 - **미소 냉전 시대**
170 체 게바라가 쿠바의 자유를 위해 싸웠어요 - **쿠바 혁명**
172 아프리카의 나라들이 독립을 선언했어요 - **아프리카의 독립**
174 끊임없이 독립 전쟁을 치른 베트남 - **베트남 전쟁**
176 베를린 장벽이 무너지고 독일이 통일되었어요 - **독일의 통일**
178 소련이 무너지고 러시아와 독립 국가들이 생겼어요 - **소련의 해체**
180 오늘날에도 전쟁은 계속되어요 - **9·11 테러**

182 **부록 _ 한눈에 보는 역사 연표**

1장

고대 문명의 발전과 국가의 성립

350만 년 전 ~ 5세기

최초의 인류, 루시
메소포타미아 문명
이집트 문명
인더스 문명
중국 문명
페르시아 제국
불교의 탄생
그리스의 민주 정치
페르시아 전쟁
그리스 문화
제자백가
알렉산드로스 대왕과 헬레니즘
로마 제국과 포에니 전쟁
진나라의 중국 통일

한나라
비단길 개척
삼두 정치와 카이사르
아우구스투스
크리스트교의 성립과 발전
가나 왕국
훈 족의 침입
서로마의 멸망

예수님의 탄생!

History

아프리카에서 최초의 인류가 탄생했대요

최초의 인류, 루시
(약 350만 년 전)

"앗! 이게 뭐지? 동물의 뼈 같은데……."

인류학자인 도널드 요한슨은 1974년 아프리카에 있는 에티오피아의 하다르 사막에서 이상한 뼛조각을 발견했어요. 그 뼛조각들을 바닥에 쭉 늘어놓았지요. 뼛조각은 모두 47개였어요.

"여기는 머리 같고, 이쪽은 갈비뼈 같은데……."

퍼즐을 맞추듯 뼛조각을 완성한 요한슨은 자신도 모르게 소리쳤어요.

"이것은 사람의 뼈야! 도대체 언제, 누구의 뼈인 거지?"

때마침 라디오에서 노래 한 곡이 흘렀어요. 요한슨과 발굴팀이 평소에 즐겨 듣던 비틀스의 노래 'Lucy in the sky with diamonds(다이아몬드와 함께 있는 하늘의 루시)'였어요. 요한슨은 그 노래를 듣고서 뼈의 주인에게 '루시'라는 이름을 붙였어요.

루시의 뼈를 연구한 끝에 몇 가지 정보를 알아냈어요. 루시는 약 350만 년 전에 살던 여자이고, 키 120cm에 나이는 20세가량이었어요. 뇌의 크기는 침팬지와 비슷한 400~500cc 정도였지요. 루시는 약 400만~50만 년 전 사이에 활동했던 최초의 인류 집단이자 인류의 조상인 오스트랄로피테쿠스에 속했어요. 오스트랄로피테쿠스는 두 발로 걸어 다니는 직립 보행을 했어요. 두 발로 서서 걷게 되자 두 손이 자유로워져 간단한 도구를 만들고 사용할 수 있었지요. 다만 아직은 사람이라기보다 원숭이에 가까운 모습이었답니다.

루시를 포함한 최초의 인류인 오스트랄로피테쿠스가 무더운 아프리카에서 살았던 이유는 무엇일까요? 약 400만 년 전에 지구는 빙하기였기 때문에 날마다 추운 겨울이 이어졌지요. 당시 아시아 북부, 유럽, 북아메리카 등 지구 대부분은 얼음으로 뒤덮여 있었어요. 생물체가 살 수 있을 정도로 따뜻한 곳은 아프리카뿐이었던 거예요. 그래서 최초의 인류도 아프리카에서 처음으로 나타났어요. 이후 빙하기가 지나고 다른 지역의 날씨도 따뜻해지면서 아프리카에 살던 사람들은 먹을 것을 찾아 조금씩 이동하며 전 세계로 퍼져 나가게 되었어요.

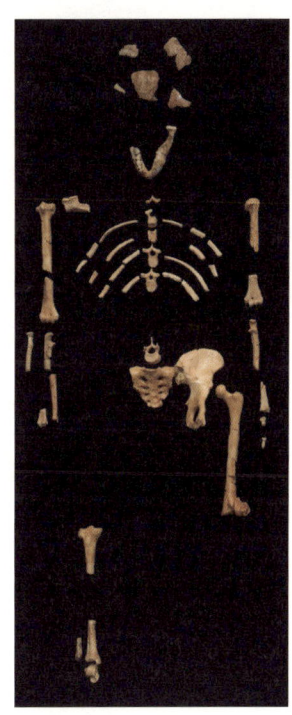

루시의 화석
아프리카에서 발견된 인류의 화석으로 키 120cm에 20세 여성으로 추정되어요.

History

두 개의 강 사이에서 최초의 문명이 생겨났어요

메소포타미아 문명
(기원전 3500년경)

　기원전 3500년경 중앙아시아의 고원에 살던 수메르 인들은 전쟁을 피해 새로운 땅을 찾아 나서기로 했어요. 사람들이 발길을 멈춘 곳은 오늘날 이라크 지역인 '메소포타미아'라는 곳이었어요. 이곳은 유프라테스 강과 티그리스 강 사이에 위치해 있었어요.

　메소포타미아는 땅이 아주 비옥해 농사가 잘되었어요. 유프라테스 강과 티그리스 강에 비가 내려 홍수가 날 때면 상류의 강물이 하류로 많은 흙을 실어 날라요. 이 흙이 오랫동안 쌓여서 기름진 땅으로 만들어진 거예요.

수메르 인들은 매우 지혜로웠어요. 강 옆에 저수지를 만들고 물길을 낸 뒤, 강물이 넘치면 물길로 흐르게 하여 저수지에 가두어 놓았거든요. 이제 홍수 걱정 없이 안심하고 농사를 지을 수 있게 되었어요. 농업 방식이 발달하자 식량이 풍족해지고 인구가 늘면서 점차 작은 도시들이 생겨났어요. 수메르 인들은 '쐐기 문자'라고 하는 글자를 발명하여 진흙으로 만든 돌판 위에 본격적으로 역사를 기록했지요.

기원전 3000년경부터는 수메르 인들이 세운 작은 도시들이 점점 발전하여 독립적인 도시 국가들이 세워졌어요. 그 가운데 '우르'는 가장 오래된 도시 국가예요. 그리고 기원전 2000년경, 메소포타미아의 남동쪽 바빌로니아 지역에 '바빌론'이라는 나라가 있었어요. 바빌론의 함무라비 왕은 메소포타미아 전 지역을 정복하여 거대한 제국을 건설했어요. 나라를 잘 다스리기 위해서《함무라비 법전》도 만들었지요. 법전을 해석해 보니 당시 바빌론이 세 개의 계급으로 이루어졌다는 것과 복수를 중요하게 여겼음을 알 수 있어요. 모두 쐐기 문자로 기록되어 있고 현재 프랑스의 루브르 박물관에 보관되어 있지요.

함무라비 법전
사람을 죽인 자는 사형에 처하고 다른 사람의 눈을 멀게 한 자는 그의 눈도 멀게 한다는 등의 법 조항이 있어요.

History

어머니의 강, 나일 강이 문명을 발전시켰어요

이집트 문명
(기원전 3000년경)

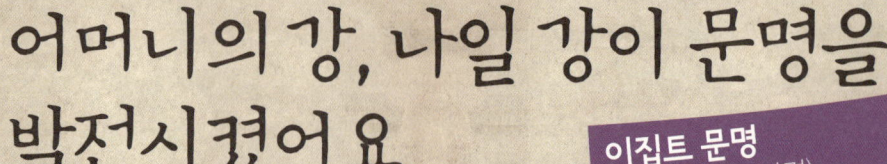

　기원전 3000년경, 초여름 날의 이집트예요. 갑자기 하늘에서 빗방울이 떨어지기 시작했어요.

　"와~ 신께서 축복을 주셨다."

　"올해도 풍요로운 해가 될 것이니 어서들 축제를 준비합시다."

　비가 집중적으로 내리는 우기에는 나일 강이 넘칠 만큼 엄청난 양의 비가 내린답니다. 집과 땅이 물에 잠길 정도로 큰 홍수가 일어나지요. 그런데 신의 축복이니 축제를 해야 한다니, 이집트 인들은 왜 이렇게 좋아한 걸까요? 그 이

유는 나일 강이 넘치고 나면 강물 속에 있던 좋은 성분들이 땅속에 스며들어 기름진 토양으로 만들어 주기 때문이에요.

이집트 인들은 나일 강이 평균 365일마다 반복해서 넘쳐흐른다는 사실을 알게 되었어요. 그래서 365일을 1년으로 정하고 열두 달을 만들었어요. 오늘날 우리가 사용하는 달력이 여기에서 시작된 것이지요. 이집트 인들은 나일 강과 가까운 곳에서 농사를 지으며 마을을 이루었어요. 마을이 도시가 되고 점점 커지면서 고대 이집트 문명이 생겨났지요.

이집트 인들은 왕을 '파라오'라고 부르며 살아 있는 신으로 여겼어요. 파라오의 권력이 얼마나 컸는지는 파라오의 무덤인 피라미드를 보면 알 수 있어요. 파라오는 살아 있을 때부터 피라미드를 짓는 데에 큰 비용과 노동력을 들였어요. 피라미드가 크면 클수록 자신의 힘도 크다는 것을 보여 줬으니까요.

이집트 인들은 수메르 인들이 만든 쐐기 문자의 영향을 받아 그들만의 독특한 '상형 문자(물건의 모양을 본떠 만든 문자)'도 만들었어요. 돌판에 상형 문자를 새기고 그림을 그리는 것에 만족하지 않고, '파피루스'라는 풀의 껍질을 두들겨 펴서 종이처럼 사용했답니다.

3,000년 이상 지속되었던 고대 이집트 문명은 기원전 332년 마케도니아의 알렉산드로스 대왕에 의해 멸망하여 역사 속으로 사라지고 말았어요. 하지만 고대 이집트 인들이 남긴 거대한 피라미드의 건축술과 달력, 상형 문자 등은 오늘날의 문화와 기술에 영향을 주었답니다.

쿠푸 왕의 피라미드
이곳은 사막 지역이라 큰 돌을 구할 수 없어서 3톤이나 되는 무거운 돌덩이를 멀리 있는 돌산에서 캐다가 끌어왔어요. 피라미드를 다 짓는 데 무려 23년이 걸렸어요.

History

흙벽돌로 둘러싸인 고대 도시, 모헨조다로

인더스 문명
(기원전 2500년경)

　1921년, 인도의 서북쪽 인더스 강의 하라파 언덕을 발굴하던 영국의 고고학자 존 마셜은 눈앞에 펼쳐진 광경을 보고도 믿을 수 없었어요. 많이 파괴되기는 했지만 흙벽돌로 만들어진 집들의 흔적이 있었고, 강의 하류인 '모헨조다로'에서는 자로 잰 듯이 반듯반듯한 길까지 잘 보존되어 있는 거대 도시를 만날 수 있었거든요.

　"그 옛날, 이처럼 거대한 유적지를 누가 만들었을까?"

　마셜은 아무리 연구를 해도 인더스 강 주변의 거대 도시를 누가 만들었는지 알아낼 수 없었어요. 다른 고대 문명의 문자들은 풀어 읽을 수 있었지만 인더스 문자는 아직 읽어 내지 못했기 때문이에요.

인더스 강은 인도 북부에서 시작되어 파키스탄을 거쳐 인도양으로 흐르는 강이에요. 오늘날 이곳은 매우 건조하고 황폐하지만 기원전 2500년경에는 기후도 좋고 땅도 비옥하여 여러 종족들이 한데 어울려 살았을 것으로 추측되어요. 하라파 유적지에서 발견된 사람의 **뼈**를 인종에 따라 분류하니, 14가지나 되었기 때문이지요.

모헨조다로는 도시 전체가 직사각형 모양을 하고 있어요. 흙벽돌로 만들어진 집과 길은 바둑판처럼 질서 있게 배치되어 있었지요. 모헨조다로의 가장 놀라운 점은 고대 도시 한가운데에 길이가 19m나 되는 대형 목욕탕이 있었다는 거예요. 각 가정 집에도 목욕탕과 수세식 화장실이 있었답니다. 수도관을 통해 물이 공급되고, 도시 아래에는 물을 빼내는 하수 시설이 있을 정도로 수준 높은 문명을 이루고 있었어요.

기원전 2000년경에는 도시의 인구가 약 4만 명에 이를 정도로 번성했던 것으로 추측되어요. 이들은 메소포타미아 지방 사람들과 교역을 했으며, 주로 인더스 강 계곡에서 만든 면화 제품을 수출했어요.

인더스 문명은 기원전 1500년경에 중앙아시아에서 철기 문명을 가지고 온 아리아 인들에 의해 멸망했어요. 그 뒤 4,000년이 지나서야 세상에 모습을 드러냈던 거예요.

History

황허와 양쯔 강에 문명이 꽃피었어요

중국 문명
(기원전 2000년경)

중국 서쪽에 있는 쿤룬 산맥에서 시작되는 약 5,463km의 어마어마하게 긴 강이 있어요. 중국 대륙을 뱀처럼 구불구불 흘러 들어가다가 고비 사막의 동쪽 끝에서 누런 흙을 실어 나르지요. 흙 때문에 강물 색은 온통 누렇게 물들어요. 바로 황허 강이에요.

기원전 1600년경, 황허 강 주변에 세워진 도시 국가들이 하나가 되어 중국 최초의 국가인 상나라가 탄생했어요. 상나라는 실체를 찾을 수 없어 오랫동안 전설 속에만 나오는 나라로 여겨졌어요. 그러다가 1928년에 유적이 발굴되면서 상나라가 실제로 존재했었다는 사실이 드러났어요. 궁궐과 집은 물론이고 정교하게 만들어진 청동기 유물도 나왔지요. 유독 눈에 띄는 것은 약 3만 개의 동물 뼛조각이었어요. 그 위에 문자가 깨알같이 적혀 있었거든요. 이 문자를 '갑골 문자'라고 해요.

상나라는 흉년이 들거나 나라에 큰일이 생기면 왕이 하늘에 제사를 올렸어요. 이때 거북의 배딱지나 짐승의 뼈를 태워 그것이 갈라지는 상태를 보고 앞으로 일어날 일을 점쳤어요. 그 내용을 문자로 뼈에 새겼던 거예요. 이 문자의 모양이 점점 다듬어지고 많은 사람들이 사용하게 되면서 오늘날 '한자'로 발전하게 되었답니다.

사람들은 상나라를 발전시킨 황허 문명이 중국 문명의 시작이라고 믿었어요. 양쯔 강 문명이 발굴되기 전까지는 말이에요. 양쯔 강은 중국 대륙의 한가운데를 가로질러 흐르는 중국에서 가장 긴 강으로 그 길이가 약 6,300km에 달해요. 그래서 '장강', 중국식 발음으로는 '창장 강'이라고 하지요. 1973년, 양쯔 강 근처에 있는 닝사오 평원의 허무두에서 황허 문명과는 다른 특징을 가진 집과 유물, 농경 문화 들이 발견되었어요. 이 주변에서 발굴된 모든 고대 문화를 '양쯔 강 문명' 또는 '창장 강(장강) 문명'이라고 해요.

오늘날에는 양쯔 강 문명과 황허 문명 모두 중국 문명을 이룬 중요한 뿌리로 여기고 있어요. 양쯔 강 문명에 대한 연구는 앞으로 더욱 깊이 있게 진행될 거예요.

갑골 문자
중국 상나라 때 쓰인 상형 문자. 거북의 배딱지와 짐승의 뼈를 이용해 점을 치고 내용을 새겼어요.

History

고대 인류가 세운 가장 넓은 제국

페르시아 제국
(기원전 6세기)

    기원전 1000년경, 지중해의 동쪽에서 수많은 전쟁이 일어나기 시작했어요. 아시리아와 신바빌로니아 같은 나라들이 서로의 땅을 정복하기 위해 으르렁거렸지요.

    메소포타미아 동쪽에 위치한 작은 나라인 페르시아에서 기원전 559년에 키루스가 왕이 되었어요. 그 뒤 페르시아의 힘이 점점 강해지더니 주변 나라들을 차지하기 시작했지요. 그리고 기원전 533년, 다리우스 1세 때에는 이집트부터 지중해 동부, 인더스 강에 이르는 '페르시아 제국'을 세웠지요. 그 이전까지 페르시아 제국보다 넓은 영토를 가진 나라는 없었어요.

땅이 너무 넓다 보니 페르시아 제국의 왕은 모든 도시들을 직접 다스리기가 힘들었어요. 그래서 다리우스 1세는 주요 도시를 연결하는 '왕의 길'이라는 도로를 만들어 신하들을 오가게 했어요. 그 덕분에 가는 데 3개월이나 걸리던 길을 단 일주일 만에 도착할 수 있었지요. 그래서 왕의 명령을 신속하게 전달할 수 있었어요. '왕의 길'은 신하들뿐 아니라 상인들도 활발하게 이용하면서 상업이 크게 발달했어요.

다리우스 1세는 다른 나라가 멸망하는 걸 보며 힘으로만 사람을 다스릴 수 없다는 걸 깨달았어요. 그래서 자신은 조로아스터교를 믿었지만, 다른 민족의 언어와 종교도 인정해 주었지요. 이런 방식으로 다양한 문화가 꽃피었고, 페르시아 제국은 200년간이나 서아시아를 지배할 수 있었어요.

다리우스 1세와 그의 아들은 페르시아 영토를 더 넓히기 위하여 그리스와 세 차례에 걸쳐 전쟁을 치렀지만 결국 지고 말았어요. 오랜 전쟁으로 나라의 힘과 경제는 약해지고, 페르시아 내부에서 분열이 일어나더니 기원전 4세기 후반에 마케도니아의 알렉산드로스 대왕에게 정복당하고 말았어요.

훗날 페르시아는 다시 부활하여 3세기 초, 이란에서 메소포타미아에 이르는 대제국을 건설하게 돼요. 이 나라를 '사산 왕조 페르시아'라고 부르는데 로마, 비잔티움 제국과 경쟁할 정도로 세력이 막강했고, 다양한 문화가 뒤섞여 있어서 '문명의 호수'라고도 불렸어요. 이 문화가 서쪽으로는 로마, 동쪽으로는 중국을 거쳐 한국과 일본에까지 영향을 주었어요. 400여 년 이상을 발전하던 사산 왕조는 651년 이슬람 제국에게 멸망되지요.

불평등한 사회를 비판한 새로운 사상

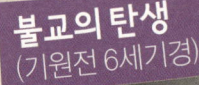
불교의 탄생
(기원전 6세기경)

    기원전 6세기경 인도 북부의 작은 나라 카필라 왕국에 싯다르타라는 왕자가 태어났어요. 궁궐 안에서 호화로운 생활만 하던 왕자는 29세가 되던 해, 처음으로 궁궐 밖 세상을 보게 되었어요.

"한 푼만 주십시오."

"왕자님, 배가 고파 견딜 수가 없습니다요."

    궁궐 바깥은 궁궐 안과 전혀 다른 곳이었어요. 궁궐 안의 사람들은 걱정, 근심 없이 늘 행복하게만 보였어요. 하지만 궁궐 밖의 수많은 사람들은 가난과

질병으로 고통받고 있었어요.

싯다르타는 늙은 노인, 처참한 병자, 관에 누운 시체, 구걸하는 거지를 보고 충격에 빠졌어요. 그리고 고통을 피하고 평화롭게 살 수 있는 방법을 찾기로 결심했어요. 29세에 궁을 떠나 하루에 고작 콩 한 알을 먹으며 깨달음을 얻기 위해 오랜 시간 동안 수행을 했어요. 그러다가 보리수나무 아래에서 49일 동안 명상을 한 끝에 '진리를 깨달은 자' 곧 부처가 되었지요. 그때 부처가 깨달은 진리는 수많은 제자들을 통해 여러 곳으로 전파되었어요.

기원전 6세기, 인도는 엄격한 신분 제도였던 카스트로 인해 힘없고 가난한 사람들의 고통이 눈덩이처럼 불어나고 있었어요. 카스트는 모든 백성을 네 가지 신분으로 나누었어요. 신에게 수많은 제물을 바쳐야 하는 브라만교의 제사장인 브라만, 군인 계급인 크샤트리아, 평민인 바이샤, 노예 계급인 수드라, 그리고 네 가지에 속하지 못하며 짐승보다 하찮은 존재로 여겨 온 불가촉천민이 있었어요. 남녀 차별은 더 심해서 딸이 태어나면 '가장 큰 슬픔이요, 최고의 불행이다.'라고 할 정도였어요.

브라만교와 카스트 제도에 불만을 느낀 많은 사람들은 새로운 종교를 바라게 되었어요. 이때 부처는 자비와 평등을 내세우며 불교를 만들었어요. 그는 형식적인 제사보다 올바른 행동이 중요하고, 누구나 수행하면 얼마든지 구원을 얻을 수 있다고 했어요. 이런 가르침은 평등을 바라던 수드라뿐만 아니라, 크샤트리아와 바이샤에게도 인기였어요. 부처는 부자와 가난한 자, 신분이 높은 자와 낮은 자, 남자와 여자를 차별하지 않았어요.

불교는 인도에서 중국을 거쳐, 동남아시아의 나라들과 한국과 일본 등 동아시아 국가들에게 널리 퍼져 새로운 종교 문화를 이루었답니다.

History

민주주의의 고향, 그리스에서 생긴 일

그리스의 민주 정치
(기원전 5세기)

"민회에서 도편 추방제를 하기로 결정했다면서요?"

"이번에 추방당하면 10년 동안 아테네로 못 돌아오겠네요."

약 2,500여 년 전, 고대 그리스에는 250여 개의 크고 작은 도시 국가인 폴리스가 있었어요. 각 폴리스마다 가장 높은 언덕 위에 아크로폴리스 신전을 세워 신을 모셨고, 그 아래에는 아고라 광장을 만들어 시장을 열었지요. 폴리스 가운데 하나인 아테네에서는 9일마다 한 번씩 아고라 광장에 시민들이 모여 민회를 열었어요. 국가의 일을 시민들이 직접 토론하고 의논하기 위해서였지요.

아테네는 바닷가에 위치했기 때문에 바다를 통해 상업 활동을 하면서 돈을 벌어들이는 사람들이 많았어요. 차츰 평민 가운데 돈을 많이 번 사람들이 방패와 창을 구입해서 전투에 나갔어요. 전쟁에서 이길 때마다 당연히 이들의 목소리는 커져만 갔고 귀족들은 평민들이 정치에 간섭하는 게 싫었어요.

아테네의 법을 만들던 정치가 솔론은 재산을 많이 가진 평민들에게 정치에 참여할 수 있는 기회를 주었어요. 평민들은 각 지역에서 뽑은 자신들의 대표 500명으로 구성된 평의회를 만들고 그들로 하여금 민회에서 모두가 함께 의논할 내용들을 정하게 했어요. 그렇지만 귀족과 평민의 대립은 끊이지 않았고, 대립을 이용해 독재자가 나타나기도 했어요.

이럴 때 시민들은 자신이 생각하는 독재자의 이름을 도자기 조각에 써서 추방할지 말지에 대한 결정을 내렸어요. 이것을 '도편 추방제'라고 하는데 정치가인 클레이스테네스가 만든 제도랍니다. 만 18세 이상인 시민들이 도자기 조각에 이름을 써서 내면 6,000표 이상 받은 사람을 추방할 수 있었어요.

평민들이 참여하는 아테네의 정치 방법은 다른 폴리스에서도 좋은 반응을 얻었어요. 관리를 뽑을 때는 추첨으로 하거나 한 명씩 돌아가면서 공평하게 했고, 중요한 일들은 회의를 통해 결정했지요. 이렇게 모든 일을 직접 함께 결정하는 방법이 오늘날 민주주의의 첫걸음이 되었던 거예요.

도편 추방제에 쓰인 도자기 조각
도자기 조각에 추방할 정치인의 이름이 적혀 있어요.

History

지중해의 강자를 가리자

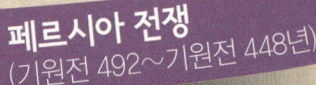
페르시아 전쟁
(기원전 492~기원전 448년)

　동양의 대제국 페르시아의 왕이었던 다리우스 1세는 기원전 492년, 그리스의 아테네를 공격했어요. 기원전 499년 소아시아의 이오니아 사람들이 페르시아에게 반란을 일으켰을 때 아테네가 이오니아의 반란을 도와주었기 때문이에요. 하지만 바다를 건너가던 페르시아 함대 300척이 태풍을 만나 부서져 버리는 바람에 원정은 실패로 끝났어요.

　2년 뒤, 다리우스 1세는 군사들을 이끌고 다시 아테네를 공격했어요. 페르시아 함대는 바다를 무사히 건넌 뒤 아테네의 북동쪽에 위치한 마라톤 해안가에 다다랐어요. 아테네의 밀티아데스 장군도 1만여 명의 군사들을 이끌고 마라톤 해안으로 향했어요.

"여기서 지면 아테네는 끝장이다. 모두 목숨을 걸고 페르시아에 맞서자!"

"와아아아! 장군, 이곳이 우리의 무덤이라고 생각하고 싸우겠습니다!"

밀티아데스 장군과 1만여 명의 아테네 군사들은 목숨을 내놓은 심정으로 전쟁을 시작했어요. 페르시아 함대가 엄청난 화살을 쏟아부으며 아테네 군사들을 공격했어요. 하지만 아테네 군사들은 밀티아데스 장군의 지위에 맞춰 흐트러짐 없이 움직였어요. 밀티아데스 장군의 체계적인 전술과 아테네 군사들의 강한 정신력 덕분에 아테네는 전쟁에서 이길 수 있었어요.

페르시아는 충격적인 패배를 안고 돌아갔으나 10년 뒤에 다리우스 1세의 아들인 크세르크세스 왕이 16만 명이 넘는 대군을 이끌고 그리스를 공격했어요. 그리스 폴리스 가운데 군사력이 가장 강했던 스파르타가 페르시아 대군을 막았어요. 하지만 페르시아는 스파르타를 3일 만에 물리쳤어요. 전쟁의 승리가 페르시아의 눈앞에 보이는 것 같았어요. 하지만 살라미스 해안에서 아테네의 테미스토클레스 장군이 이끄는 그리스 연합군에 의해 패배를 맞았답니다.

기원전 492년부터 기원전 448년까지 지속된 페르시아와 그리스 간의 전쟁을 페르시아 전쟁이라고 해요. 그 당시, 페르시아는 동양을 대표하는 국가였고 그리스는 서양으로 통하는 관문이었어요. 그래서 이 전쟁을 동양과 서양이 처음으로 맞붙은 전쟁이라고도 하지요. 페르시아 전쟁 이후에 그리스는 지중해 동부를 차지하면서 세계의 중심으로 떠올랐고, 서양 문명의 기초가 되는 그리스 문명이 본격적으로 빛을 발하기 시작했답니다.

History

자유로운 분위기로 서양 문화의 뿌리를 만들었어요

그리스 문화 (기원전 10~기원전 1세기)

고대 그리스의 철학자 소크라테스는 한 젊은이에게 말을 걸었어요.

"이보시오, 젊은 양반. 민중이란 어떤 사람이오?"

"예? 그야 가난한 사람들이지요."

"가난한 사람들이란 어떤 사람이오?"

"항상 쓸 돈이 부족한 사람들이지요."

"보아하니 부자들도 항상 돈이 없다고 난리를 치던데, 그럼 부자들도 가난한 사람이오?"

"예…… 뭐 그렇다고 할 수 있지요."

"그렇다면 민중을 중심으로 돌아가는 민주주의는 가난한 사람들을 위한 것이오, 부자들을 위한 것이오?"

"……."

젊은이는 말을 잇지 못했어요. 평소 배움의 길을 열심히 닦고 있다고 자부하였는데, 소크라테스가 계속하는 질문에 말문이 막혀 버렸지요.

소크라테스는 질문을 통해 스스로 답을 찾도록 이끄는 '산파법'으로 제자들을 가르쳤어요. 그의 사상은 플라톤, 아리스토텔레스에게 이어졌지요. 그리스 아테네는 자유로운 토론 문화가 발달하여 유명한 철학자들이 많았어요.

고대 그리스 철학은 오늘날 서양 철학의 바탕이 되었어요. 그렇게 될 수 있었던 까닭은 오래 전부터 그리스 문화는 신화적인 설명보다 이성적이고 인간 중심적인 사고를 이어 왔기 때문이에요.

그리스 문화는 기원전 10세기부터 그리스가 로마에 정복되기 전까지 약 9세기에 걸쳐서 그리스, 남부 이탈리아, 에게 해 주변에서 꽃피운 문화를 이르는 말이에요. 그리스 문화가 만들어진 초기에 그리스 사람들은 인간이야말로 자연에서 가장 아름답다고 믿으며 올림포스 12신을 인간의 모습으로 조각하고 그들의 이야기를 연극으로 공연하며 인간적인 신의 모습을 그려 냈지요.

대리석이 풍부했던 그리스에서는 자신들이 숭배하는 신들의 모습을 조각하는 한편, 신전도 많이 지었어요. 이오니아식(기둥이 아래로 내려갈수록 굵어지는 모양), 도리아식(기둥 한가운데를 불룩하게 만드는 모양으로 배흘림 양식) 등 건축 양식뿐만 아니라 미술 분야에 있어서도 서양 문화의 시작이 되었답니다.

History

어지러운 세상에서 다양한 사상이 꽃피었어요

제자백가
(기원전 400년경)

'이 기회에 내가 중국을 손아귀에 넣어야지.'

기원전 8세기, 중국을 통일한 주나라의 힘이 약해지자 제후들이 움직이기 시작했어요. 제후란 황제 바로 아래의 신분으로 각 지방의 왕이라고 볼 수 있어요. 당시 중국에는 제후가 다스리던 곳이 170곳도 넘었으며 기원전 770년부터 기원전 403년까지 1,200번이 넘는 전쟁을 벌였어요. 나중에는 진나라, 초나라, 제나라, 한나라, 위나라, 조나라, 연나라 등 7개의 나라로 정리가 되었지요. 이것을 '전국 7웅'이라 하고 이 시기를 '춘추 전국 시대'라고 해요.

주나라 때까지 사람들은 황제를 하늘의 아들이라고 생각했어요. 백성들도 황제를 하늘처럼 떠받들었고요. 그러나 춘추 전국 시대를 겪으면서 사람들은 하늘의 뜻보다 인간의 노력으로 얼마든지 세상을 뒤바꿀 수 있다고 믿게 되었어요.

계속된 전쟁으로 백성들은 큰 고통을 받았지만 중국은 문화적으로 큰 발전을 이루었어요. 제후들이 자신의 세력을 키우기 위해 똑똑한 신하를 찾아 나섰고 그들이 자신의 생각과 연구한 것을 책으로 쓴 덕분이지요. 이때 나타난 훌륭한 사상가들을 '제자백가'라고 해요.

제자백가는 매우 많지만 유가, 도가, 묵가, 법가가 대표적이에요.

유가의 공자, 맹자는 도덕과 예절을 강조했어요. 왕은 어질게 백성을 다스려야 한다고 가르쳤지요. 묵가의 묵자는 경제적 차별을 없애고 모두가 사랑하며 하늘의 뜻을 따르는 나라를 만들어야 한다고 했어요. 법가의 상앙, 한비자, 이사는 엄격한 법으로 나라를 다스려야 한다고 가르쳤어요. 도가의 노자와 장자는 세상이 혼란스러운 것은 인간이 억지로 무언가를 하려고 하기 때문이라며 자연의 이치를 그대로 따르는 것이 좋다고 주장했지요.

춘추 전국 시대 이후 중국을 통일한 진나라의 시황제는 법가 사상을 받아들여 법을 따르지 않을 경우, 엄하게 백성들을 통치했어요. 그러나 진나라를 뒤이은 한나라는 무제 때 유가의 공자, 맹자의 사상만을 받아들이면서 다른 주장들은 그 세력이 약해지거나 사라지게 되었어요.

History

서양과 동양을 아우른 정복왕

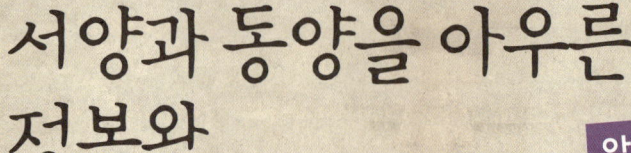
알렉산드로스 대왕과 헬레니즘
(기원전 4세기경)

"왕자님! 아바마마께서 또 승리하셨답니다."

시녀에게서 승리의 소식을 전해 들은 소년은 한숨을 푹 내쉬었어요.

"아바마마는 내가 왕이 되어 정복할 땅을 하나도 남겨 놓지 않으시는구나!"

기원전 4세기, 마케도니아의 왕자였던 알렉산드로스는 어릴 때부터 세계를 정복하고자 하는 큰 꿈을 가지고 있었어요. 그래서 아버지였던 필리포스 2세가 그리스의 폴리스들을 하나씩 차지할 때마다 자기가 할 일이 줄어드는 것 같아 안타까워했어요.

필리포스 2세가 세상을 떠난 뒤 20살에 왕이 된 알렉산드로스는 페르시아와 전투를 치르기 위해 길을 나섰어요. 페르시아의 다리우스 3세를 물리친 알렉산드로스는 하필 페르시아의 공주를 사랑하게 되었어요. 신하들이 하나같이 반대했지만 알렉산드로스는 페르시아 여자들과 그리스 군인들과의 결혼을 널리 장려하였고, 페르시아의 문화와 종교, 언어를 존중했어요.

알렉산드로스는 12세 때부터 3년 동안 그리스의 철학자인 아리스토텔레스에게 철학, 문학, 정치를 배웠어요. 그리스의 시인인 호메로스의 작품을 매우 좋아해서 전쟁에 나갈 때도 손에서 책을 놓지 않을 정도였지요. 무력보다 문화를 사랑했으며 백성들이 평화롭기를 바랐어요. 알렉산드로스의 이러한 생각은 유럽, 아시아, 아프리카의 수많은 국가들을 정복할 때도 마찬가지였어요. 덕분에 알렉산드로스는 정복자인데도 오히려 적국의 백성들에게 환영을 받았지요.

알렉산드로스는 정복한 곳마다 자신의 이름을 딴 도시 '알렉산드리아'를 세웠어요. 그리스 인들이 그곳으로 옮겨 와서 살도록 했으며 문화와 상업을 발전시켰어요. 이런 노력으로 그리스 문화와 동양의 오리엔트 문화가 한데 어울린, '그리스 문화 같은'이란 뜻을 가진 '헬레니즘 문화'가 탄생할 수 있었어요.

알렉산드로스는 인도까지 점령할 계획이었지만 인도의 더운 날씨와 끊임없이 내리는 비, 10년 동안 계속된 전쟁에 지친 부하들을 생각하여 고향으로 돌아왔어요. 그러나 곧바로 열병에 걸려 기원전 323년에 33세의 젊은 나이로 갑자기 세상을 떠나고 말았어요. 그 뒤로 알렉산드로스의 거대한 제국은 이집트, 마케도니아, 시리아 등으로 갈라졌으며, 기원전 1세기경에는 모두 로마에게 정복당하고 말아요.

History

로마가 지중해의 주인이 되었어요

로마 제국과 포에니 전쟁
(기원전 264~기원전 146년)

　테베레 강변의 작은 도시였던 로마는 영토를 넓히고 상업 활동을 하면서 부유해졌어요. 부자가 된 평민들은 자기 돈으로 무기를 사서 스스로 나라를 지켰지요. 영토가 넓어질 때마다 평민들의 권리도 높아졌어요. 평민들은 자신의 권리를 더욱 보호하기 위해 평민회(평민으로 구성된 의회)를 만들어 그들을 대표하는 호민관을 뽑았어요. 호민관은 귀족을 대표하는 집정관과 원로원의 결정을 거부할 수 있는 권한이 있었기 때문에 평민들의 권리를 지킬 수 있었지요.

　마침내 기원전 3세기 무렵에는 귀족과 평민이 법 앞에서 평등하다는 규정을 로마법으로 정했어요. 평민들도 법적인 보호를 받을 수 있게 된 것이지요. 이 힘을 바탕으로 로마는 이탈리아 반도 전체를 통일했어요.

당시 지중해에서 세력을 크게 떨치던 카르타고는 로마의 힘이 커지자 무역 활동에 지장이 생겼고, 결국 전쟁으로 이어졌어요. 이것이 1차 포에니 전쟁(기원전 264~기원전 241년)이에요. 로마 인들이 카르타고 인들을 '포에니'라고 불렀기 때문에, 로마와 카르타고 사이에 벌어진 전쟁을 '포에니 전쟁'이라고 해요. 1차 포에니 전쟁에서 강대국이었던 카르타고는 떠오르던 샛별 로마에 처참히 지고 말았어요. 보물 같은 섬 시칠리아를 빼앗긴 것도 모자라 전쟁 배상금까지 모두 물게 되어 순식간에 가난한 나라가 되고 말았어요.

카르타고의 한니발 장군은 10년 동안 복수의 칼날을 간 끝에 코끼리 부대를 이끌고 알프스 산맥을 넘어 로마를 공격했어요. 이것이 2차 포에니 전쟁(기원전 218~기원전 202년)이지요. 로마는 꼼짝없이 당하고 말았어요. 더운 아프리카에서 살던 카르타고 인들이 얼음으로 뒤덮인 알프스 산맥을 넘을 것이라곤 상상조차 한 적이 없었거든요.

처음에는 한니발을 앞장세운 카르타고 군대가 우세한 것 같았어요. 하지만 로마의 스키피오 장군은 한니발 장군의 나라, 카르타고로 쳐들어가 그곳을 식민지로 삼았어요. 나라와 백성을 끔찍이 사랑하는 한니발 장군은 카르타고가 점령됐다는 소식을 듣고서, 조국을 되찾기 위해 카르타고로 돌아갔어요. 하지만 한니발 장군이 자리를 비운 카르타고의 군대는 힘을 잃고 패배하고 말았어요. 이로써 로마가 카르타고를 물리치고 지중해의 최강자가 되었어요.

History

분열의 시대를 끝내고 중국을 통일했어요

진나라의 중국 통일
(기원전 221년)

　기원전 215년, 황제가 붉으락푸르락한 얼굴로 신하들 앞에서 소리쳤어요.

　"서복에게 불로초를 구해 오라고 명한 지가 언제인데, 아직도 감감무소식이더냐?"

　"폐하, 아무래도 불로초를 찾는 데 실패한 것 같사옵니다. 소인 노생이 폐하께서 늙지 않고 영원히 살 수 있도록 불로장생약을 구해 오겠습니다."

　그러나 노생 또한 불로장생약을 구할 수 없자 기원전 212년에 황제의 눈을 피해 도망가 버렸어요. 목숨을 잃을 게 뻔했기 때문이지요.

사람들을 벌벌 떨게 만들면서까지 불로장생의 꿈을 꺾지 않았던 이 황제는 혼란스러웠던 중국 대륙을 통일한 진나라의 시황제예요. 시황제는 죽은 뒤에도 자신의 무덤을 지켜 줄 병사와 말을 흙으로 빚어 거대한 굴에 넣었어요. 영원한 삶을 꿈꿨던 시황제는 죽어서라도 죽지 않은 것처럼 보여 주고 싶었나 봐요.

진나라는 본래 전국 시대의 강성했던 7개 나라(제, 초, 연, 한, 조, 위, 진) 가운데 하나였어요. 시황제가 진나라의 왕이 되고서 기원전 230년부터 10년 사이에 주변 나라들을 멸망시켰어요. 기원전 221년, 마침내 모든 여섯 나라를 정복하고 중국 대륙을 하나로 통일했어요.

중국을 통일한 시황제는 강력한 왕권을 바탕으로 나라를 다스렸어요. 가장 먼저 왕의 칭호를 '황제'로 바꾸고 군현제를 실시했지요. 군현제는 영토를 몇 개의 군과 현으로 나눈 다음 그곳에 자신이 직접 임명한 관리를 보내 황제의 명령에 따라 다스리게 하는 제도예요. 이렇게 하면 지방 구석구석까지 황제의 힘이 미칠 수 있었어요.

이와 함께 문자와 화폐, 도량형(물건의 길이와 무게 등을 재는 단위)을 통일해 사람들의 생활을 편하게 해 주었어요. 또한 도로를 정비해 나라에 급한 일이 생기면 신속하게 소식을 전할 수 있고 물자도 빠르게 운반할 수 있게 했어요.

진나라는 외국에도 이름이 알려질 만큼 강력한 나라였어요. 중국을 가리키는 '차이나'가 진나라에서 유래하기도 했어요. 하지만 약 6,700km나 되는 긴 만리장성을 쌓고 거대한 무덤인 진시황릉과 무덤을 지키기 위한 병마용갱을 짓는 등 큰 공사를 벌이다가 통일한 지 불과 15년만에 멸망하고 말았어요.

History

철기 문명과 유교로 나라의 기틀을 다졌어요

한나라 (기원전 202~기원후 220년)

중국을 최초로 통일한 진나라가 15년 만에 무너지고, 이듬해 기원전 206년에 가난한 농민의 아들인 유방이 한나라를 세웠어요. 유방은 한나라의 세력을 점차 넓히며 초나라 귀족의 후예인 항우를 물리치고 기원전 202년에 중국을 다시 통일시켰어요. 유방이 바로 한나라의 첫 번째 황제인 고조예요.

한나라의 일곱 번째 황제인 무제는 기원전 141년 16세의 나이로 즉위하여 55년간 많은 업적을 남겼어요. 다른 지역을 다스리는 제후의 힘을 약화시키고 황제 중심의 체제를 확립했지요. 유교를 국가 통치의 원리로 삼고 국립 대학을 설치하여 유교 경전도 가르쳤어요. 여기에서 우수한 사람을 뽑아 관리로 임명했지요. 이때부터 중국에서는 유교 교육을 받은 사람이 관리가 되는 전통이 만들어졌어요.

한무제는 강력한 철제 무기를 크게 발전시키기도 했어요. 나라 안으로 황제의 권력을 드높이고 나라 밖으로도 한나라 왕조의 권위를 드러내고자 흉노, 남월, 고조선 등을 침략하여 전쟁을 벌였어요. 특히 흉노를 물리친 것은 놀라운 일이었어요. 한고조가 흉노를 공격했다가 겨우 풀려난 이후, 계속 공물을 바치고 있었거든요. 계속되는 전쟁으로 영토는 넓어졌으나 나라의 살림살이는 점점 나빠졌지요.

"소금과 철을 국가에서 관리하도록 하라!"

그 당시 소금과 철은 금에 비유될 만큼 귀해서 화폐처럼 사용되고 있었어요. 그것을 국가에서 사고팔자, 재정은 넉넉해졌고 물가도 많이 안정되었어요. 그리고 한무제는 외교가 장건을 중앙아시아 지역으로 보내 비단길을 개척하여 중앙아시아와 서아시아 지역의 교류가 활발해졌어요.

한나라는 400년 넘게 안정적으로 이어졌다가 말기에는 정치가 매우 불안해졌고 홍수, 가뭄, 메뚜기 떼의 피해가 끊이지 않았어요. 살기 힘들어진 농민들은 결국 반란을 일으켰어요. 우수한 철제 무기들로 주변국들을 멸망시켰던 한나라도 노란 두건을 쓰고 싸우는 농민군에게는 당할 수가 없었어요. 이 '황건적의 난'은 8개월 만에 진압되었지만, 그 후로도 크고 작은 반란이 끊임없이 일어나 결국 한나라는 역사의 기록으로만 남게 되었답니다.

History

동서양 문물의 거대한 무역로

비단길 개척
(기원전 139~기원전 126년)

동양과 서양은 기원전 100년까지만 해도 서로 교류가 없었어요. 자동차도 없던 그 시절에 끝도 보이지 않는 광활한 사막을 건너 높고 넓은 고원을 넘는다는 건 상상도 못할 일이었어요. 그리고 고원 너머 중앙아시아의 이슬람 사람들이 낯설고 무서워서 갈 엄두도 내지 못했지요.

고대의 동양과 서양이 통하는 길을 처음 연 것은 한무제였어요. 그는 서아시아로 통하는 교통로를 열기 위해 충성스러운 신하 장건을 보내기로 했어요. 기원전 139년에 출발한 장건은 13년이 지난 뒤에야 돌아올 수 있었어요. 북쪽의 흉노족과 티베트 사람들에게 잡히는 등 온갖 고생을 했던 것이지요.

한무제는 장건이 서아시아에 다녀온 이야기를 아주 흥미롭게 들었어요. 서쪽에는 금은화를 사용하는 나라와 한나라의 특산품인 칠기와 비단을 사고 싶어 하는 나라도 있었기 때문이에요. 또한 대월지, 강거, 오손 등 군사력이 강한 유목 민족들을 정복할 수만 있다면 한나라를 세계에서 가장 강한 나라로 만들 수 있겠다고 생각했어요.

"흉노족만 없앤다면 내 꿈을 이룰 수 있겠구나."

한무제는 동서 교통로의 중요한 길목에 자리한 페르가나와 누란을 정복하고, 마침내 그토록 바라던 흉노족마저 굴복시킴으로써 서아시아로 통하는 길을 완전히 손에 넣게 되었어요.

한무제와 장건은 중국에서 시작하여 타클라마칸 사막, 파미르 고원, 중앙아시아 초원, 이란 고원을 지나 지중해까지 약 6,400km에 이르는 길을 개척했어요. 이 길을 통해 고대 중국과 서양의 상인들이 여러 나라를 오가며 비단 등 진귀한 물건들을 사고팔았어요. 그래서 이 길을 비단길(실크 로드 Silk Road)이라고 불러요. 비단길은 텔레비전이나 인터넷이 없던 시절에 동양과 서양의 정치, 경제, 문화를 이어 주는 '정보의 길' 역할도 하였어요.

비단길을 통하여 인도의 불교가 중국으로 전파되었고 기린, 사자와 같은 진귀한 동물과 말, 호두, 후추, 깨, 유리 만드는 기술까지 전해졌어요. 중국에서는 비단, 칠기, 도자기 같은 물품과 양잠(누에를 기르는 일), 화약 기술, 제지 기술 등을 서양으로 전했지요. 특히 종이 만드는 기술은 중세 유럽의 인쇄술을 발달시켰어요.

History

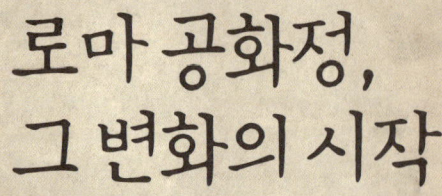
로마 공화정, 그 변화의 시작

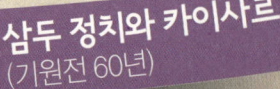
삼두 정치와 카이사르
(기원전 60년)

로마는 포에니 전쟁에서 이긴 뒤에 지중해의 강대국이 되었어요. 로마 귀족들은 넓은 토지와 노예를 소유하여 대농장을 경영하면서 막대한 돈을 벌었어요. 반면에 로마의 보통 농민들은 더욱 궁핍해졌어요. 귀족들이 경영하는 대농장에서 들여온 값싼 곡식들 때문에 보통 농민들은 설자리를 잃고 몰락해 갔어요. 가난한 농민들은 불만이 쌓였고, 로마 귀족들의 구경거리였던 노예 검투사들은 수만 명이 모여 반란을 일으켰어요.

가난해진 농민과 노예 들의 반란을 지켜보던 그라쿠스 형제는 정치를 개혁하려고 했지만 실패하고 귀족들에게 죽임을 당했어요. 그 뒤로 약 80년 동안 로마에 혼란은 계속되었어요. 이때 카이사르, 폼페이우스, 크라수스 세 명의 장군이 손을 잡고 새로운 정치를 시작했어요. 세 명의 권력자가 공동으로 통치하는 체제라 이것을 1차 삼두 정치라고 해요.

그런데 셋 가운데 크라수스가 전사하자, 폼페이우스는 혼자 권력을 차지하고 싶어서 원로원과 손잡고 카이사르를 없애려고 했어요. 카이사르는 지금의 프랑스와 벨기에 지방인 갈리아 지역을 정복하고 다스렸어요. 폼페이우스의 계획을 눈치 챈 카이사르는 자신의 군대를 이끌고 루비콘 강에 도착했어요. 루비콘 강은 갈리아와 이탈리아 반도를 나누는 강이지요. 군대를 거느리고 이 강을 건넌다는 건, 로마의 반역자가 된다는 의미였어요.

기원전 49년 1월, 루비콘 강을 건넌 카이사르는 이집트에 갔다가 여왕 클레오파트라를 만나 사랑에 빠지게 돼요. 이어 소아시아의 반란까지 평정하고 카이사르는 힘을 점점 키웠어요.

원로원에서는 점점 강해지는 카이사르를 가만두는 건 로마 공화정을 위태롭게 만드는 것이라고 생각했어요. 자칫, 혼자서 다스리는 독재가 될 수 있으니까요. 기원전 44년 3월 15일, 로마 원로원에서 40여 명의 사람들이 단검을 휘두르며 카이사르에게 달려들었어요. 카이사르는 그들 사이에 자신이 사랑하는 친구, 브루투스가 있는 것을 보았어요.

"브루투스, 너마저?"

순간, 카이사르는 모든 저항을 멈추고 그 자리에서 쓰러졌어요. 숱한 전쟁을 승리로 이끌었던 영웅은 그렇게 죽음을 맞이했어요.

History

로마에 평화의 시대가 찾아왔어요

아우구스투스
(기원전 63~기원후 14년)

　이집트의 여왕이었던 클레오파트라는 여러 나라의 언어를 유창하게 할 만큼 총명하고 아름다운 여인이었어요. 폼페이우스를 뒤쫓아 이집트로 왔던 카이사르의 마음을 단숨에 빼앗을 정도였지요.

　당시 로마의 식민지였던 이집트는 간신히 나라 이름만 유지할 정도로 힘이 약했어요. 카이사르의 아들을 낳은 클레오파트라는 그를 움직여 조국을 구하고 로마의 여왕이 될 야심까지 품었지요. 그러나 카이사르가 원로원에게 살해당하자 그녀의 꿈도 사라져 버렸어요.

한편, 로마에서는 카이사르의 양아들이었던 옥타비아누스가 안토니우스, 레피두스와 함께 2차 삼두 정치를 시작했어요. 안토니우스는 옥타비아누스 여동생의 남편이었어요. 어느 날, 이집트를 방문한 안토니우스는 클레오파트라를 보는 순간 사랑에 빠져, 그녀와 결혼을 하였어요. 아들과 딸이 태어나자 자신이 새롭게 정복한 땅까지 모두 주고 말지요.

괘씸히 여긴 옥타비아누스는 안토니우스와 클레오파트라를 공격하기로 마음먹었어요. 이기는 사람이 로마의 최고 권력자가 되는 중요한 전투였지요.

기원전 31년, 그리스 서해안의 악티움에서 옥타비아누스는 안토니우스와 클레오파트라의 군대를 무찔렀어요. 큰 충격을 받은 안토니우스는 이듬해에 자살했고, 클레오파트라 역시 스스로 목숨을 끊었어요.

로마로 돌아온 옥타비아누스는 가장 강력한 권력을 손에 쥐었어요. 하지만 카이사르가 그 권력 때문에 죽었던 것을 똑똑히 기억하고 있었던 그는 스스로를 '로마 제1의 시민'이라 낮춰 불렀지요. 원로원은 겸손한 그에게 '존엄한 자'라는 뜻의 '아우구스투스'라는 칭호를 주었고, 이때부터 로마는 황제가 나라를 다스리는 '제정'을 시작하게 되었어요.

이후, 네르바에서 마르쿠스 아우렐리우스 황제까지 연이어 등장한 다섯 명의 훌륭한 황제를 '오현제'라고 해요. 이 시기에는 훌륭한 사람을 양아들로 삼아 황제 자리를 물려주었기 때문에 문화가 발전하고 영토가 더욱더 확장될 수 있었어요. 아우구스투스 때부터 오현제 시대까지, 약 200년 동안을 '팍스 로마나'라고 해요. '로마의 평화 시대'라는 뜻으로 이제 로마는 세상의 중심이 되었답니다.

History

예수가 나타나 어지러운 세상을 구원해요

크리스트교의 성립과 발전
(30년경)

　로마의 식민지가 되어 고통을 당하던 유대 민족에게는 예부터 전해 오는 예언이 있었어요. 하나님께서 세상을 구원할 구세주인 메시아를 보내어 유대 민족을 구원한다는 것이었지요.

　기원전 4년경, 로마 제국의 식민지였던 팔레스타인의 갈릴리에서 메시아라고 예언을 받은 아기 예수가 태어났어요. 예수는 30세 이후에 집을 떠나 베드로, 요한 등 12명을 제자로 삼고 하나님의 말씀을 전파하기 시작했지요.

　"사랑과 믿음으로 하나님께 구원받을 수 있습니다. 우리는 남자이건 여자

이건, 귀족이건 노예이건 하나님 앞에서는 모두 평등합니다."

40일 동안 광야에서 밥도 먹지 않고 기도를 한 예수는 열두 제자와 함께 곳곳을 다니면서 죽은 자를 살리고, 장님의 눈을 뜨이게 하는 등 여러 가지 기적을 일으켰어요. 그가 가는 곳마다 수천 명의 사람들이 몰려들었답니다. 특히 예수는 평등사상을 가르치고 다녔기 때문에 여성과 노예 등 하층민들의 지지를 받았어요.

예수의 가르침을 따르는 사람들이 점차 늘어나자 유대 민족의 종교 지도자들은 자신의 힘이 줄어들 것을 염려했어요.

"우리의 신은 '하나님' 한 분밖에 없소. 예수를 죽여야 하오."

유대 민족의 종교 지도자들은 예수를 하나님의 아들로 인정할 수가 없었어요. 그래서 로마 제국에 그를 반역자라고 고발했어요. 유대 민족을 식민지로 삼고 있던 로마 제국 입장에서도 수천 명씩 사람을 몰고 다니는 예수가 위험해 보였지요. 언제 반란을 일으킬지 모르니까요.

예수는 열두 제자 가운데 가룟 유다의 배신으로 붙잡혀 골고다 언덕에서 십자가형을 받고 세상을 떠났어요. 예수가 세상을 떠난 지 사흘 뒤부터 그가 부활했다는 소문을 들은 유대 사람들은 예수를 하나님의 아들로 믿고, 열두 제자들은 세상 곳곳에 나아가 예수의 말씀을 전했어요. 이것이 '크리스트교'가 되었어요.

크리스트교는 황제를 숭배하지 않는다는 이유로 로마 제국의 박해를 받았지만 4세기 말에 로마의 국교가 되었고 이후 세계 종교로 뻗어 나갔어요. 그리고 그리스 로마 문화와 함께 서양 문화의 바탕이 되는 종교가 되었지요.

History

아프리카 최초의 왕국이 생겼어요

가나 왕국 (3~4세기)

　기원전 5000년경, 서아프리카 니제르 강 유역에 소닌케 족이 모여 농사를 짓기 시작했어요. 이들은 주변 지역을 정복하여 3~4세기에 아프리카 최초의 왕국인 가나 왕조를 이루었어요. 원래 왕국의 이름은 '목동'을 뜻하는 '와가'와 '땅'을 뜻하는 '두'가 합쳐져 '와가두'였어요. '가나'는 본래 '전사의 왕'이라는 뜻인데, 당시 왕을 가나라고 불렀어요. 나중에는 나라 이름으로 바꾸었지요.
　남자들은 해마다 한 달씩 군인으로 지내야 했는데, 자신이 사용할 무기는 모두 스스로 만들었다고 해요. 그러다 보니 쇠를 다루는 기술이 발전하였고,

솜씨가 매우 뛰어난 사람은 귀한 대접을 받았어요.

가나 왕국이 발전하는 데에 가장 큰 힘이 된 것은 서아프리카 남쪽에서 생산되는 풍부한 금과 사하라 사막 북쪽에서 나는 소금이었어요. 아프리카는 매우 무더운 지역이기 때문에 건강을 지키기 위해 소금이 꼭 필요했어요. 하지만 남쪽 지방에는 소금이 거의 없었어요. 남쪽의 상인들이 소금을 사기 위해 북쪽으로 가려면 반드시 가나 땅을 거쳐야만 했어요. 국왕은 통행료로 금을 받아 낸 다음, 아라비아 상인들에게 비싼 값에 팔았지요. 그러다 보니 아라비아 상인들 사이에서 '가나에는 금이 땅 속에서 당근처럼 자란다.'는 엉뚱한 소문이 퍼지기도 했어요.

9세기에 가나는 서아프리카 해안 전 지역을 차지하는 큰 제국이 되었어요. 이때 가나와 무역을 하던 베르베르 족 상인들과 작은 나라들이 아라비아 인들을 따라 이슬람교를 믿기 시작하더니 '알모라비드'라는 군사 세력을 만들었어요. 그리고 가나 왕국에게 이슬람을 믿으라고 강요했지요.

무역을 통해서 경제적인 풍요로움을 누렸던 가나는 11세기 중반 이후, 서서히 기울기 시작했어요. 더군다나 수도였던 쿰비 살레에 인구가 너무 늘어나서 식량까지 부족해졌고, 나무를 잘라 내고 집을 짓는 바람에 사하라 사막처럼 땅이 점점 더 건조해졌지요.

1076년 알모라비드의 아부 바크르가 가나 왕국을 멸망시켰어요. 이후에도 서아프리카의 금과 소금으로 돈을 벌고자 했던 크고 작은 나라들이 생겼지요. 지금 아프리카에 있는 '가나'는 가나 왕국을 기리기 위해 이름만 가져왔을 뿐, 전혀 다른 곳에 위치해 있어요.

History

아시아의 훈 족이 유럽을 시끄럽게 했어요

훈 족의 침입 (375년)

　4세기 말, 훈 족은 유럽을 140여 년간 벌벌 떨게 만들었어요. 훈 족은 중국의 북방 유목 민족이었던 흉노족 출신이라는 말도 있지만 아직까지 그 정체를 정확히 몰라요. 훈 족은 말을 탄 채 활을 쏘아 대며 사람들을 공격했어요. 워낙 날쌔고 용맹해서 어느 누구도 당할 재주가 없었지요.

　로마의 역사가들은 훈 족의 외모를 두고 이렇게 말했어요.

　"피부색이 어둡고, 눈은 작고 코는 납작하다."

　"이들은 편평한 코, 튀어나온 광대뼈, 눈은 빛이 겨우 들어갈 정도로 작지만 훨씬 더 먼 곳을 볼 수 있다."

낯설게 생긴 외모에 무시무시한 전투력을 갖춘 훈 족이 유럽 사람들에게는 공포 그 자체이자 악마 같은 존재로 느껴졌지요.

당시 유럽에서 큰 세력을 차지하고 있던 로마는 서로마와 동로마로 나뉘어 각 통치자들이 나라를 다스리고 있었어요. 동로마는 훈 족이 침략하는 것을 막기 위해 많은 양의 금을 조공으로 바치기로 약속했었지요. 그러나 동로마의 새로운 황제는 조공을 하지 않겠다며 훈 족과의 약속을 어겼어요.

그 무렵 훈 족의 왕이었던 아틸라는 아랑곳하지 않았어요. 동로마 황제가 아틸라를 자극해 전쟁을 일으키려는 속셈을 알고 있었거든요. 아틸라가 그렇게 동로마를 무시하고 있을 때, 서로마 제국 황제의 여동생이 아틸라에게 갑자기 청혼을 했어요. 그러자 아틸라는 대담하게 말했어요.

"서로마 제국의 절반을 주면 결혼을 하겠소."

이 얘기를 들은 서로마 제국의 황제는 여동생을 딴 남자에게 시집보냈고, 아틸라는 서로마를 공격했어요. 그러자 훈 족에 대해 잘 알고 있었던 서로마의 아에티우스 장군이 다른 부족들과 힘을 모아 훈 족을 물리쳤어요. 이듬해인 452년에 아틸라는 서로마를 다시 침략했어요. 그러자 교황 레오 1세는 로마가 초토화될 것이 뻔했기에 아틸라를 설득하여 돌아가게 했어요.

로마를 떠난 뒤 아틸라는 게르만 족 출신의 여성과 결혼식을 올렸어요. 그런데 결혼식 다음날, 아틸라는 피를 흥건하게 흘린 채 죽어 있었어요. 갑작스런 죽음이었고 그 원인이 무엇인지는 모르고 소문만 무성했어요. 아틸라가 세상을 떠난 뒤에 아들들이 왕위를 다투면서 훈 족이 세운 나라는 순식간에 약해져 버렸고, 어느 순간 역사 속에서 사라지게 되었답니다.

History

로마가 둘로 나뉘고 서로마가 멸망했어요

서로마의 멸망 (476년)

"무서워서 살 수가 없네. 고향을 버리고 떠나는 수밖에……."

게르만 족은 유럽의 북쪽과 동쪽에 흩어져 살고 있었어요. 그런데 375년, 게르만 족은 고향을 버린 채, 남쪽으로 먼 길을 떠났어요. 갑자기 동쪽에서 쳐들어온 훈 족이 너무 잔인하고 무서웠거든요.

게르만 족 가운데 하나인 고트 족은 로마 제국으로 도망쳤어요. 로마는 그들을 배려하여 땅 일부를 내주었어요. 그러나 문화 수준이 높았던 로마 인들에게 고트 족의 행동과 말은 너무 야만적으로 보였고, 처음에는 무시하다가 점점 사이가 나빠져 차별하기에 이르렀어요. 고트 족은 이런 로마의 태도에 불만이 쌓여 로마 시민들을 죽이고 약탈했어요. 훈 족을 피해 로마 근처로 도망쳤던 다른 게르만 족도 로마가 혼란해진 틈을 타, 로마를 침입하기 시작했어요.

유럽의 강대국이었던 로마가 왜 이렇게 흔들리게 되었을까요? 4세기 초에 로마 제국은 주변 민족들의 크고 작은 침략을 받아 왔어요. 그러나 귀족과 지배층 사람들은 부패하여 향락에 젖어 살았어요. 로마의 황제 콘스탄티누스 대제는 이런 분위기를 바꾸고, 자신의 권력을 튼튼히 다지기 위해 개혁이 필요하다고 생각했어요. 그래서 330년에 수도를 동쪽에 있는 비잔티움으로 옮기고 자신의 이름을 따서 '콘스탄티노플'이라고 불렀어요. 이후 로마의 중심이 동쪽으로 이동했지요.

이때부터 로마에서 크리스트교가 서서히 둘로 갈라지기 시작했어요. 교황이 예전의 수도였던 로마에도 있고 새로운 수도인 콘스탄티노플에도 있게 되었지요. 또 395년에는 테오도시우스 황제가 자신의 두 아들에게 각각 로마의 서쪽과 동쪽을 나누어 다스리게 했어요.

주로 라틴 어를 사용하던 서로마는 로마 가톨릭교를 믿었고 갈수록 인구가 줄어들면서 세금이 걷히지 않아 가난해졌지요. 반면에, 동로마는 하루가 다르게 발전을 거듭했어요. 주로 그리스 어를 사용했던 동로마는 그리스 정교회를 믿었고 아시아와의 무역을 통해서 경제적으로 크게 성장했지요.

결국 서로마는 고트 족과 훈 족의 거듭된 침략으로 혼란을 겪다가 476년에 게르만 족의 용병대장인 오도아케르에 의해 멸망되고 말았어요. 서로마 제국의 멸망으로 유럽은 고대 사회가 끝나고 역사의 중심이 유럽 북부로 옮겨지며 중세 시대가 시작되었어요.

2장
새로운 제국의 출현

원탁의 기사들을 만나다!

5 ~ 15세기

무함마드
당나라
카롤루스 대제의 대관
아이슬란드의 발견
카노사의 굴욕
십자군 전쟁
동남아시아의 제국들

봉건 제도와 장원 제도
칭기즈 칸과 몽골 제국
흑사병
명나라
백 년 전쟁

가장 굴욕적인 순간 ---^

흑사병은 너무 무서워 ㅠㅠ

History

이슬람교를 만들고 아라비아 반도를 통일했어요

무함마드 (570~632년)

610년, 40세의 무함마드는 아라비아 반도의 대도시인 메카에 있는 히라 산에서 명상을 하고 있었어요. 그때 천사 가브리엘이 무함마드에게 내려와 말했어요.

"알라의 계시를 사람들에게 전하라!"

무함마드는 천사 가브리엘의 말을 믿기 어려웠지만 점차 알라를 세상에 알려야겠다고 마음먹었어요.

"여러분! 오직 알라만이 유일한 신이며, 알라 앞에서 만인은 평등합니다."

무함마드는 알라의 가르침을 사람들에게 전하며 다녔어요. 그러자 메카의 귀족과 부자 들은 그를 못마땅하게 여겼어요. 당시 아라비아 반도는 다신교 사회였는데 알라 신만이 유일한 신이라고 주장하는 데다가 노비든 가난한 사람이든 모두 평등하다고 가르치니 가만히 놔 둘 수 없었어요.

죽음의 위협을 느낀 무함마드는 자신을 따르는 70여 명의 신도들과 함께 메디나라는 도시로 탈출했어요. 그곳에서 무함마드는 이슬람교를 마음껏 알리기 시작하였고, 이슬람 공동체 '움마'를 만들었지요. 움마의 사람들은 여러 부족을 정복하였고 630년에는 1만여 명의 군대로 메카까지 점령할 정도로 그 세력이 커졌어요. 그러나 계속된 전쟁으로 아버지나 남편을 잃은 부인과 아이들이 많아졌어요. 무함마드는 혼자 남은 부인들과 아이들을 보호하기 위해, 한 남자가 여러 명의 여자와 결혼할 수 있는 '일부다처제'라는 혼인 제도를 받아들였어요.

이슬람교를 믿게 된 부족들끼리는 서로 싸우지 않았어요. 이로써 정치·종교적으로 하나가 된 적이 없었던 아라비아 반도가 마침내 이슬람 제국으로 통일되었지요.

무함마드는 비잔티움 제국에 쳐들어갈 계획을 세우다가 632년에 병으로 죽고 말았어요. 신도들은 그가 했었던 말들을 모두 기록하여 책으로 만들었지요. 이것이 이슬람교의 경전인 《쿠란》이에요. 움마에서 선출된 후계자인 '칼리프'들은 인도에서 이베리아 반도에 이르는 지역과 흑해와 카스피 해 연안 지역을 차지한 이슬람 대제국을 이루었답니다.

History

유목민의 문화가 가득했던 당나라의 흥망성쇠

당나라
(618~907년)

중국은 220년에 한나라가 멸망하고 300년 넘게 새로운 왕조가 생겼다 사라지고 나라가 쪼개지면서 혼란이 계속되었어요. 그러다 589년에 수나라가 중국을 다시 통일시켰지만 겨우 37년 만에 무너지고 말았어요. 수나라가 무너지고서 백성들은 먹을 것이 없어서 굶어 죽거나 어쩔 수 없이 도적이 되어야만 했어요. 이 모든 혼란을 정리한 이연은 618년에 당나라를 세웠어요.

이연의 아들 당태종도 아버지를 도와 안으로 통치 제도를 정비하고 밖으로는 티베트와 돌궐, 위구르를 정복하고 비단길을 차지하여 당나라를 크게 발전시켰어요. 중국 사람들은 이 시기를 '정관의 치'라고 부르며 당태종을 황제의 모범으로 삼으며 자랑스러워해요. 대문을 열어 놓아도 도적이 들지 않을 만큼 세상이 안정되었다고도 하지요.

태종의 뒤를 이어 고종이 황제가 되었으나 그의 후궁이었던 측천무후가 앞장서서 나라를 다스렸어요. 측천무후는 가문과 신분을 가리지 않고 능력 있는 인물을 두루 뽑아 쓰는가 하면, 백제와 고구려를 멸망시켜 당나라 역사상 가장 넓은 영토를 정복했지요.

당나라의 여섯 번째 황제인 현종 또한 훌륭해서 훗날 사람들은 이 시기를 '개원의 치'라고 부르며 칭찬했어요. 그러나 양귀비라는 여인을 만나고서 모든 것이 달라졌지요. 양귀비의 친척들이 온갖 부정부패를 저지르고 다니는데, 현종은 양귀비의 매력에 푹 빠져서 나라를 제대로 돌보지 않았거든요. 결국 당나라 장군들의 반란과 10년 동안 휘몰아친 농민군들의 봉기로 당나라는 타격을 크게 받고 907년에 멸망하고 말았어요.

당나라 때에는 오랫동안 평화가 유지되면서 유학이 발달하고 불교와 도교가 유행하는 등 전통 문화가 발달했어요. 또한 세계 제국을 이룬 당나라는 예전 왕조들의 영향을 받아 무사적 문화와 화려한 문화가 섞이고, 비단길을 통해 문화가 더해져, 화려하고 국제적인 귀족 문화가 꽃피었답니다.

당삼채
당나라의 대표적인 채색 도기예요. 다양한 색깔의 유약을 입혔는데, 주로 황색과 녹색, 백색 3가지 색으로 칠해서 '당삼채'라고 불러요.

History

게르만 족이 서로마 황제의 관을 받았어요

카롤루스 대제의 대관
(800년)

476년에 서로마가 멸망하고 그 지역에 게르만 족의 한 갈래였던 프랑크 족 사람들이 들어와 나라를 세웠어요. 이 나라를 프랑크 왕국이라고 해요. 오늘날의 프랑스, 벨기에, 이탈리아, 네덜란드, 독일, 스위스 일부 지역이 프랑크 왕국의 땅이었어요. 프랑크 왕들은 로마 가톨릭을 믿어 왔고 국교로 삼으며 나라를 잘 다스렸어요.

로마 가톨릭을 믿었던 서로마가 멸망하자 함께 힘을 잃을 뻔했던 가톨릭교회는 프랑크 왕국이 로마 가톨릭을 믿으면서 자신들의 권위도 다시 세울 수 있었어요. 교황은 프랑크 왕이 갖고 있는 군사적인 힘을 이용해 자신을 해치려는 세력들로부터 보호할 수 있었어요. 프랑크 왕은 교황이 갖고 있는 종교적인 권위를 이용해 국민들로부터 왕위를 인정받을 수 있었지요.

프랑크 왕국의 왕자였던 카롤루스는 어릴 적부터 책을 즐겨 읽었고 생각이 깊었어요. 그는 자신이 왕이 된다면 로마처럼 문화적으로 훌륭한 제국을 만들어 보고 싶었지요. 768년 왕이 된 카롤루스 대제는 '카롤링거 르네상스'라고 불리는 문화 부흥 운동을 주도하고 서유럽 땅을 통일시켜 프랑크 왕국으로 만들었어요.

"게르만 족 주제에 교황을 지키고 대제국을 세워? 괘씸한 것들!"

비잔티움 제국은 평소에 무시했던 프랑크 왕국이 커져 가자 두려웠어요. 게다가 교황과도 사이가 나빠져 종교적인 성격이 점점 달라져 갔어요. 카롤루스 대제는 754년에 북이탈리아의 랑고바르드 왕국을 멸망시킨 후, 그 영토의 일부를 교황에게 바치기도 했어요. 이때 로마의 귀족 가운데 교황 레오 3세를 싫어하던 사람들이 교황을 죽이려 하였으나 카롤루스 대제가 구해 주었지요.

이 사건으로 교황 레오 3세는 800년, 그에게 서로마 황제의 관을 주었어요. 그동안 '게르만 족이 세운 나라'라는 이유로 프랑크 왕국을 얕보던 비잔티움 제국의 황제는 이 사건을 계기로 로마 가톨릭 교회와 영영 이별하였지요. 이로써 유럽의 크리스트교는 비잔티움의 그리스 정교회와 서유럽의 로마 가톨릭으로 갈라지게 되었어요.

프랑크 왕국은 카롤루스 대제가 죽은 후 영토 분쟁이 일어나 동프랑크, 서프랑크, 중프랑크, 세 나라로 분열되었어요. 이는 훗날 독일, 프랑스, 이탈리아의 바탕이 되었답니다.

History

바이킹이 얼음의 땅에 도착했어요

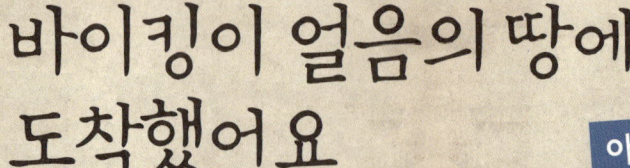
아이슬란드의 발견
(860~870년경)

약 800년경, 유럽 북부의 스칸디나비아 반도에 노르만 족이 살고 있었어요. 워낙 춥고 땅이 척박하여 농사만으로는 살길이 막막했지요. 그들은 러시아, 영국, 프랑스는 물론, 에스파냐와 발트 해 연안, 북아프리카까지 진출해 약 200년 동안 무역과 약탈을 이어 갔어요. 사람들은 북쪽의 추운 땅에서 온 노르만 족들을 해적이라는 의미로 '바이킹'이라 불렀어요.

바이킹의 배인 '노르'는 높은 파도에도 잘 견딜 수 있게 만들어져 모양이 무척 독특해요. 노르는 해적질을 할 때만이 아니라, 무덤으로도 사용되었어요.

노르 안에서 귀족 여성의 관과 생활용품, 심지어 시신까지 함께 넣어 둔 것이 발견됐어요. 바이킹들이 영혼의 세계가 있다고 믿었다는 것을 알 수 있지요.

865년경 프로키라는 바이킹이 북서해안에서 작은 섬 하나를 발견했어요. 북쪽의 추운 날씨에도 불구하고 풀들이 돋아 있었지요. 바이킹들은 이 소중한 섬을 빼앗길까 두려워 일부러 '얼음으로 뒤덮인 땅'이라는 뜻의 '아이슬란드'라는 이름을 지어 주었어요. 930년까지 노르웨이, 아일랜드, 스코틀랜드에서 이주자들이 들어와 1100년에는 인구가 약 8만 명으로 증가하였지요.

아이슬란드와 정반대의 이름을 가진 나라도 있어요. 노르웨이의 바이킹이던 빨간 에리크가 발견하고 이름 붙인 '그린란드'예요. 빨간 에리크는 큰 죄를 지어 982년에 바다로 쫓겨나는 무서운 벌을 받았어요. 그런데 다행히도 배가 육지에 도착하여 그곳에서 3년 동안 머무르고 노르웨이로 돌아왔어요. 빨간 에리크가 있던 곳은 얼음으로 뒤덮인 차가운 땅이었어요. 하지만 빨간 에리크는 그곳을 '초록빛 땅'이라는 뜻으로 그린란드라고 이름 붙이고 사람들에게 소문을 냈어요. 그래야만 많은 사람들이 새로운 땅에 함께 가 줄 테니까요. 에리크는 986년에 일행 350명을 데리고 그린란드로 떠났어요.

이처럼 바이킹이 찾아내고 세운 나라인 아이슬란드와 그린란드는 해적이라는 야만적인 이미지와는 다르게, 평화롭게 자신들만의 문화를 발전시켰답니다. 아이슬란드는 930년에 세계 최초의 의회를 소집하여 민주 정치의 모범을 보였지요. 1000년에는 크리스트교가 전파되기 시작하면서 1262년에 노르웨이의 식민지가 되기 전까지 약 300년 간 이른바 황금시대를 누렸답니다.

History

로마 황제가 교황 앞에 무릎을 꿇었어요

카노사의 굴욕
(1077년)

1077년 1월 추운 겨울날, 북이탈리아의 카노사 성 앞에서 이상한 일이 벌어지고 있었어요. 신성 로마 제국의 황제인 하인리히 4세가 내복 바람으로 사흘째 오들오들 떨고 있었지요.

"교황 그레고리오 7세를 만나게 해 주시오."

따뜻한 성 안에서 그 모습을 지켜보던 교황 그레고리오 7세는 그제야 그를 만나 주었어요.

"제발 날 파문시키지 말아 주시오."

하인리히 4세는 무릎을 꿇고 눈물겹게 빌었어요. 이것이 이른바 '카노사의 굴욕'이에요. '파문'이란 가톨릭 신도로서의 자격을 빼앗는 일이에요. 하지만 하인리히 4세의 파문은 그 이상의 의미를 가지고 있어요.

그 당시 로마 가톨릭 교황이 신성 로마 제국의 황제에게 황제의 관을 씌워 주었어요. 교황이 황제의 자리를 인정해 준다는 걸 상징했지요. 즉 황제를 파문한다는 것은 가톨릭의 나라인 신성 로마 제국의 황제로 더 이상 인정하지 않겠다는 뜻이에요. 그렇기 때문에 하인리히 4세는 그레고리오 7세의 파문 선포에 절절맬 수밖에 없었지요.

로마 가톨릭은 자신들의 권위를 보호하기 위해 프랑크 왕국 때부터 황제의 힘에 기대었어요. 그러자 프랑크 왕국을 뒤이은 신성 로마 제국의 황제는 교황을 자신의 신하처럼 여기고, 마음대로 교황을 바꾸기도 했지요.

그러나 교황 그레고리오 7세는 달랐어요. 가톨릭교회가 황제로부터 독립하여 스스로 힘을 가져야 한다고 생각했어요. 그래서 황제가 갖고 있던 성직자 임명권을 교황인 자신이 가지고 오려고 했어요. 하지만 하인리히 4세는 이를 거부하였고, 화가 난 그레고리오 7세는 하인리히 4세를 파문시켜 버렸지요.

이때, 하인리히 4세의 왕권 강화 정책에 불만을 품었던 귀족들은 교황의 편에 섰어요. 궁지에 몰린 하인리히 4세는 꼼짝없이 교황에게 자비를 구해야만 했지요. 이리하여 중세 서유럽은 교황이 지배하는 종교의 시대로 접어들게 되었답니다.

무릎 꿇은 황제
하인리히 4세가 카노사의 성주인 백작 부인 마틸다에게 교황과의 화해를 부탁하는 그림이에요.

History

하느님의 이름을 더럽힌 비극적인 전쟁이에요

십자군 전쟁 (1096~1272년)

크리스트교를 믿는 비잔티움 제국과 이슬람교를 믿는 중앙아시아의 튀르크 족은 비잔티움 제국 영토에 있는 예루살렘을 두고 약 1,000년 동안 신경전을 벌였어요. 예루살렘은 이슬람교와 크리스트교의 성지(종교가 생겨났거나 순교가 있었던 지역)이기 때문에 모두가 꼭 지켜야만 하는 곳이었어요.

11세기 즈음에 셀주크 제국이 시리아와 소아시아를 지배한 뒤, 비잔티움 제국의 수도인 콘스탄티노플을 위협했어요. 그런데 셀주크 제국 내부에서 권력 다툼이 일어나자, 비잔티움 제국의 황제는 이 기회에 이슬람교를 믿는 셀주크 제국을 물리쳐야겠다고 생각했지요. 홀로 하기엔 역부족이라 서유럽에게 도움을 요청했지요. 서유럽의 교황 우루바누스 2세는 선뜻 돕기로 했어요.

"우리가 로마 가톨릭과 그리스 정교회로 분리되었기는 하지만 예루살렘은 모두의 성지입니다. 우리 모두 힘을 보탭시다."

우르바누스 2세는 '성스러운 전쟁'을 선포하고 십자군을 모집하기 시작했어요. 그의 마음속에는 시커먼 생각이 가득했지요. 우선 기사 계급에게 전쟁을 통해 얻은 땅을 모두 나누어 주겠다고 했어요. 즉 비잔티움 제국을 멸망시킬 생각을 했던 거예요. 또한 성스러운 전쟁에 참여하면 무조건 천국에 갈 수 있다고 말했어요. 천국에 가는 영광된 길을 위하여 전쟁에 필요한 무기와 옷, 먹을 것은 당연히 참가하는 사람이 준비해야 한다고 했지요. 농노들에게는 빚을 모두 없애 주겠다고 했어요. 그러자 영주, 기사, 농노들은 물론이고 이들에게 먹을 것과 무기를 팔아 돈을 벌려고 하는 상인들까지 전쟁에 참여하였어요.

1096년 1차 십자군 전쟁은 십자군의 계획대로 예루살렘을 점령하였어요. 하지만 셀주크 제국이 다시 쳐들어와 2차 십자군 전쟁이 시작되었고, 4차 십자군 전쟁에서는 베네치아 상인들이 십자군에 참여한 서유럽의 소년들을 이슬람교도들에게 노예로 파는 비극이 일어나기도 했어요.

200여 년 동안 일곱 차례나 공격했지만 예루살렘 근처에는 가 보지도 못한 채 패배만 거듭했지요. 또한 '십자군'이라는 이름이 부끄러울 만큼 그들이 가는 곳에는 언제나 약탈과 학살이 이어져 피가 강같이 흘렀어요.

십자군 전쟁이 실패로 끝나면서 교황의 힘은 약해지고 교회와 나라 전체보다 개인의 욕구와 권리를 찾으려는 움직임이 서서히 일어났어요.

History

중국의 불교와 인도의 힌두교가 섞였어요

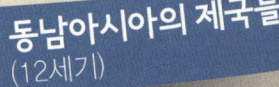
동남아시아의 제국들
(12세기)

동남아시아의 캄보디아에 '앙코르 와트'라는 세계 문화유산이 있어요. '앙코르'는 '왕도', '와트'는 '사원'이라는 뜻이지요. '동양의 기적'이라고 불리는 앙코르 와트는 12세기에 크메르 제국의 왕이었던 수리야바르만 2세가 만들었어요.

크메르 제국은 9세기부터 16세기까지 동남아시아의 캄보디아, 베트남, 태국, 말레이 반도에 이르는 넓은 영토를 갖고 있었고 인구가 100만여 명이나 되는 거대한 제국이었어요. 크메르 제국의 사람들은 예전부터 힌두교를 믿어 왔어요. 소를 신성시하는 힌두교는 우주를 창조한 신 브라흐마, 세상을 유지시키는 신 비슈누, 파괴의 신 시바, 세 신을 최고의 신으로 섬겨요.

"내가 죽으면 하늘로 올라가 비슈누 신과 하나가 될 것이다. 그러니 백성들은 나와 비슈누 신께 기도 드릴 사원을 만들라!"

수리야바르만 2세의 뜻에 따라 지어진 앙코르 와트는 힌두교에 나타난 신의 세계를 표현했어요. 넓은 대지 위에 건물을 쌓고, 연못을 파 바다를 표현했으며 히말라야의 봉우리를 상징하기 위해 건물 둘레에 벽을 쌓았지요.

그러나 수리야바르만 2세가 세상을 떠나고 30여 년이 흐른 뒤, 크메르 제국은 불교를 국교로 삼았어요. 불교를 믿는 사람들이 힌두교의 신상을 없애고 그 자리에 불상을 세웠어요. 덕분에 앙코르 와트는 힌두교와 불교 유물을 동시에 볼 수 있는 독특한 문화유산이 되었답니다.

동남아시아 지역인 인도차이나 반도는 서쪽으로는 인도, 북쪽으로는 중국과 맞닿아 있어요. 그들은 인도, 중국과 교류하면서도 확연하게 다른 문화를 발전시켰어요. 중국의 영향을 받아 유교 문화가 전해졌지만 중국에 비해 여성들이 적극적인 활동을 했고, 인도에서 힌두교의 영향을 받았지만 신분 제도인 카스트 제도는 받아들이지 않았지요.

크메르 제국은 주변 나라들과 활발히 교류했으나 16세기에 들어 점차 힘이 약해졌어요. 멸망한 뒤에는 약 200년 동안 베트남과 태국이 정치·사회적으로 간섭을 했으며, 나중에 프랑스의 식민지가 되는 아픔도 겪었어요.

앙코르 와트
힌두교 사원이었다가 훗날 불교 사원으로 바뀌었고,
지금은 세계 문화유산이자 손에 꼽히는 관광지로 유명해요.

기사와 농노의 시대

봉건 제도와 장원 제도
(7~18세기)

"자기 집에서 밀가루를 빻아 빵을 굽다니!"

"영주님, 제발 용서해 주세요. 방앗간을 사용할 돈이 없어서 그랬어요."

"너는 세금을 3배 더 내거라."

화들짝 놀란 농노가 손이 발이 되도록 빌었지만 영주는 눈 하나 꿈쩍하지 않았어요. '농노'는 영주와 계약 관계에 묶인 농민이에요. 영주에게서 땅을 빌려 농사를 짓는 대가로 세금을 내거나 영주의 다른 땅에도 농사를 지어야 했어요. '영주'는 왕이나 자기보다 높은 기사 계급에게 땅을 받은 사람을 말해요.

영주도 자기보다 낮은 계급의 기사들에게 땅을 나누어 줄 수 있었지요. 이런 땅을 '장원'이라고 불렀어요.

장원은 영주가 직접 소유하는 직영지, 농노들의 땅인 보유지, 모두가 공동으로 사용하는 공유지로 나뉘어 있었어요. 하지만 실제로는 모두 영주의 것이었기 때문에 농노들은 그걸 사용하고 나면 반드시 사용료를 내야만 했어요. 만약 돈이 없어서 사용하지 않으면 큰 벌을 받아야만 했지요.

7세기 무렵부터 북유럽에서 발달하기 시작한 장원 제도는 9세기에 이탈리아, 독일, 지중해까지 퍼져 나갔어요. 영주들에게는 일하지 않고 화려한 생활을 할 수 있는 기회였지만, 농노들에게는 고된 노동의 연속이었어요. 농노는 겉으로는 자기의 땅과 집을 가질 수는 있었지만 영주의 허락 없이는 다른 곳으로 갈 수 없었기 때문에 노예와 비슷한 성격이기도 했어요.

종교를 중요하게 여긴 시대였기에 일요일에는 반드시 교회에 가야 했고, 일주일에 사흘은 의무적으로 영주의 땅을 경작해야 했어요. 이렇다 보니 정작 자기 땅을 일굴 수 있는 시간은 얼마 되지 않았어요. 그렇게 생산한 곡물은 통행세, 결혼세, 거주세 등 여러 가지 세금으로 대부분 빼앗겼고, 교회에 헌금도 꼬박꼬박 내야 했지요. 따라서 대부분의 농노들은 영주에게 진 빚으로 인해 가난을 면치 못했어요.

이러한 장원 제도를 바탕으로 중세 유럽의 신분제인 봉건 제도가 탄탄하게 지탱될 수 있었어요.

History

인류 역사상 가장 넓은 제국을 만들었어요

칭기즈 칸과 몽골 제국 (1206년)

테무친은 몽골 부족 가운데 작은 부족장인 예수게이의 아들로 태어났어요. 하지만 어릴 때 아버지를 잃고 많은 어려움을 겪으며 자랐어요. 테무친이 자라난 몽골은 양, 말 등을 초원에서 기르며 사는 유목민의 나라예요. 가축에게 먹일 것이 떨어지면 풀이 많이 자란 곳으로 옮겨 다녔지요. 테무친은 흩어진 부족들을 하나로 모아 몽골을 통일시키고 전 세계를 정복할 꿈을 꾸었어요.

"나를 따르지 않는 자는 반드시 없애겠다. 그의 천막을 깔아뭉개서, 캄캄한 밤중에 말을 달려 그곳을 지나가더라도 걸리는 게 없도록 만들어 버리겠다."

테무친이 몽골의 부족들을 통일시키는 과정에서 했던 말이에요. 강력한 지도력으로 몽골을 통일시킨 그는 1206년에 부족 회의를 열어 위대한 왕, 부족의 우두머리라는 뜻을 가진 '칭기즈 칸'이 되었어요. 그는 부족 간의 납치를 금지하고 종교의 자유를 인정했으며 누구든지 개인의 뜻보다 법을 따르게 했어요.

1210년에 중국의 금나라가 사신을 보내어 공물을 바치라고 요구했어요. 칭기즈 칸은 그 앞에서 침을 뱉으며 전쟁을 선포했지요. 전쟁을 통해 칭기즈 칸은 금나라를 정복했고, 상업적 이득을 얻기 위해 중앙아시아의 이슬람 제국인 호라즘, 더 서쪽으로 들어가 러시아 남쪽 들판까지 정복했어요. 그의 아들과 손자들이 정복을 이어 가 비단길이 완전히 몽골의 손에 들어왔고 유럽과 아시아를 아우르는 인류 역사상 가장 큰 대제국이 탄생했어요.

몽골 제국은 동서 교류의 새로운 장을 열었고, 유라시아 세계를 하나로 통합했어요. 정복한 땅과 땅 사이에 도로망을 연결하여 약 40km마다 말과 식량, 숙소를 제공하는 역참을 두었지요. 이 도로망은 '황금판을 머리에 이고 걸어도 안전하다.'고 할 정도로 많은 군사들이 지키고 있어서 상인들이 도둑 걱정 없이 안전하게 오갈 수 있었어요.

1227년 8월, 탕구트와의 전투에서 칭기즈 칸은 말에서 떨어지며 큰 부상을 입었어요. 그래도 전투를 멈추지 않았지요. 승리를 거둘 때쯤, 그는 세상을 떠나고 말았어요. 훗날 칭기즈 칸의 손자인 쿠빌라이 칸은 나라 이름을 '원'으로 바꾸고 송나라를 멸망시켜 중국 전역을 지배하였어요.

History

유럽 사회를 뒤흔든 무서운 병

흑사병
(1346년)

"옆 마을도 모두 죽었대요."

"신의 저주야. 아, 무서워라."

1346년 지금의 우크라이나 남쪽에서 페스트라는 전염병이 발생했어요. 지중해를 거쳐 이탈리아, 프랑스, 독일, 북유럽까지 순식간에 퍼져 나갔지요. 페스트에 걸리면 며칠 동안 잠복기를 거친 후에 열이 나고 머리가 아프면서 잠을 못 잘 정도로 괴롭다가 서서히 몸이 마비되기 시작해요. 피부가 겹치는 부위마다 붓고 고름과 커다란 반점이 생기고 온몸이 점점 검게 변해서 5일 안에 죽기 때문에 흑사병이라고도 불렸지요. 병석에 누워 이삼일을 견디는 사람이 별로 없었고, 반나절도 안 되어 죽는 경우가 많았어요.

그 당시에는 약이 없었기 때문에 걸리면 곧바로 죽을 수밖에 없었어요. 특히 인구가 밀집된 도시나 수도원 같은 곳에서는 흑사병이 순식간에 퍼졌지요. 불과 3개월 동안 유럽 인구의 삼분의 일이 사라진 거예요.

같은 해에 양떼들에게도 큰 전염병이 돌아서 어떤 곳에서는 목장 한 군데에서만 5,000마리가 넘는 양이 죽었어요. 죽은 양은 고약하게 썩어서 새도 짐승도 건드리려 하지 않았지요. 양과 소 들이 들판을 쏘다녀도 모는 사람이 없고 밭의 작물을 밟고 다녀도 쫓는 사람이 없었어요. 장원에서 일하던 많은 농노가 흑사병으로 죽었기 때문이지요.

영주들은 얼마 남지 않은 농노들에게 일을 시키기 위해 이전보다 잘해 줄 수밖에 없었어요. 전염병의 공포 속에서 살아남은 농노들은 이제 조금씩 살 희망을 가지게 되었어요. 영주들이 세금도 줄여 주고 빚도 없애 주니, 농사만 열심히 지으면 좀 더 많은 농작물을 얻을 수 있었지요. 남는 것이 있으면 도시에 내다 팔아서 돈도 벌었어요. 돈을 내고 농노의 신분에서 벗어나는 사람도 많아졌으며, 아예 도시로 나가 장사를 하는 사람도 생겼어요. 흑사병이 진정될 즈음에는 장원은 텅 비었지만 도시에는 사람들로 북적였어요.

막강했던 교황의 힘도 점점 약해져 갔어요. 수많은 죽음을 경험한 사람들의 마음속에 '신이 전부가 아니다.'라는 생각이 움트기 시작한 거예요. 결국 농민의 저항과 농노 해방으로 장원이 무너지면서 중세 유럽을 지탱해 온 봉건 사회도 무너지기 시작했어요.

History

오랑캐를 쫓아내고 원래의 중국을 회복하자

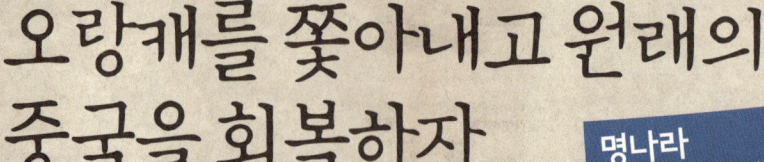
명나라
(1368~1644년)

원나라 말기였던 14세기 초 중국은 가뭄과 흉년, 전염병, 배고픔으로 백성들이 처참한 생활을 했어요. 하루하루 살아가기가 힘겨울 때 주원장이 태어났어요. 주원장은 17세가 되었을 무렵 가족들을 잃고 고아가 되었어요. 배고픔을 달래기 위해 절에 들어가 스님이 되어 이곳저곳을 떠돌아다녔어요.

"목숨이 붙어 있어도 먹을 것과 입을 옷이 없고 병까지 얻은 사람이 이토록 많구나. 죽은 자와 다를 게 뭐가 있나?"

주원장은 떠돌아다니면서 비참한 실상을 확인했어요. 더 이상 참지 못하고 원나라의 통치에 반대하는 세력들로 뭉친 '홍건적'에 들어갔어요. 홍건적은 원나라 반란군 가운데 하나였는데, 머리에 붉은 두건을 쓰고 다녀서 홍건적이라 불렸어요.

"몽골 오랑캐를 쫓아내고 원래의 중국을 회복하자."

주원장은 1355년에 홍건적의 지도자가 되어 세력을 키워 나가며 원나라를 멸망시킬 준비를 밟아 나갔어요. 1368년, 드디어 원나라의 수도를 점령하고 명나라를 세웠어요. 주원장은 명나라의 첫 번째 황제 태조가 되었지요.

태조는 몽골 특유의 머리 모양인 변발과 옷차림을 버리고, 원래 중국인의 문화인 한족 문화를 되살리기 위해 노력했어요. 유교 전통을 다시 알리기 위해 학교를 세우고, 과거 제도를 새롭게 손봤으며, 백성들에게도 유교적인 생활을 가르치도록 했어요. 가난한 농민의 아들이었던 그는 상업보다 농업 중심의 정책을 펴서 농민들의 삶을 풍요롭게 해 주고자 노력했지요.

토지 조사 사업과 인구 조사를 철저히 하여, 누가 얼마만큼의 토지를 가졌으며 세금을 내야 하는지 알아내어 국가의 재정도 튼튼하게 일구어 나갔어요. 또 모든 중요한 권리를 황제가 장악하고 법률을 만들었지요. 만약 반대하는 사람이 있다면 가차 없이 죽였어요. 명나라 태조 주원장은 신하들에게는 무서운 황제였지만 서민들을 위한 정책을 펼치면서 백성들에게는 훌륭한 황제로 통했어요.

강력했던 명나라는 14세기 말부터 조금씩 기울어지기 시작했어요. 황제의 권력이 점차 사라지고 어리고 무능한 황제들이 신하들에게 이용당하는 일이 계속되었지요. 결국 나라의 정치가 부패하고 점점 약해지더니 평소 오랑캐라고 무시했던 후금의 침략을 받아 1644년에 멸망하고 말았어요.

History

봉건 시대가
막을 내렸어요

백 년 전쟁
(1339~1453년)

　1339년, 영국의 에드워드 3세는 프랑스가 플랑드르 지방을 혼자 독차지하려고 하자 화가 났어요. 11세기까지만 해도 플랑드르 지방은 영국의 땅이었어요. 그동안 양털을 플랑드르에 있는 모직물 공장에 팔아 큰돈을 벌어 왔는데 프랑스가 더 이상 영국의 양털을 수입하지 않으려고 한 거예요. 질 좋은 포도주까지 생산되는 곳이어서 두 나라 모두 이 땅을 탐냈지요.

　"아무래도 전쟁을 해야겠어. 어디 마땅한 구실이 없을까?"

　고민하던 에드워드 3세는 곧바로 프랑스에 자기가 프랑스의 왕위 계승자라고 선언했어요. 자신의 어머니가 바로 카페 왕조의 공주였거든요.
"어머니의 피를 이어받았으니, 프랑스의 왕은 내가 되어야 해!"
프랑스의 필리프 6세는 기가 찼어요. 필리프 6세 이전의 왕이었던 프랑스 카페 왕조의 샤를 4세는 후계자 없이 세상을 떠났어요. 그래서 샤를 4세의 사촌 동생인 필리프 6세가 왕위를 이어받아 프랑스를 다스리고 있었어요.
결국 프랑스 왕위를 두고 1339년에서 1453년까지 무려 114년 동안 전쟁이 계속되었고, 이를 '백 년 전쟁'이라고 불러요. 영국군과 프랑스 군이 엎치락뒤치락하던 중에 프랑스 군이 점점 밀리게 되었어요. 그러던 어느 날, 프랑스에 잔 다르크가 혜성처럼 등장하면서 사정이 달라졌어요. 잔 다르크는 여성의 몸으로서 프랑스를 구하라는 신의 계시를 받고, 싸울 때마다 프랑스에 승리를 안겨 주었지요.
백 년 전쟁은 두 나라에 큰 변화를 가져왔어요. 전쟁 준비를 해야 했던 프랑스의 왕은 많은 세금을 걷어 강력한 군대를 만들면서 왕권을 강화했어요. 한편, 영국은 대륙으로 영토를 확장하려는 욕심을 버리게 됐지요.
백 년 전쟁이 끝난 후, 영국은 또 한 번 전쟁의 소용돌이에 휘말렸어요. '붉은 장미'를 상징으로 하는 랭커스터 가문과 '흰 장미'를 상징으로 하는 요크 가문 사이에 왕위 계승을 둘러싼 다툼이 벌어진 거예요. 이를 두고 '장미 전쟁'이라고 불렀어요. 이 전쟁은 랭커스터 가문의 헨리 7세가 요크 가문의 엘리자베스와 결혼해서 튜더 왕조를 여는 것으로 끝났지요. 장미 전쟁은 영국의 왕권 강화에 도움을 주었어요. 왕권 강화에 걸림돌이었던 귀족들이 많이 죽는 바람에 강력한 중앙 집권 국가로 가는 기틀을 마련할 수 있었던 거예요.

3장

꽃피는 문화와 기술의 발전

15 ~ 17세기

르네상스
구텐베르크의 인쇄술
신항로 개척
종교 개혁
아스테카, 잉카의 멸망
무굴 제국

일본의 통일
영국의 동인도 회사
청나라 건국
루이 14세
표트르 대제

History

인간을 중심으로 하는 시대가 열렸어요

르네상스 (14~16세기)

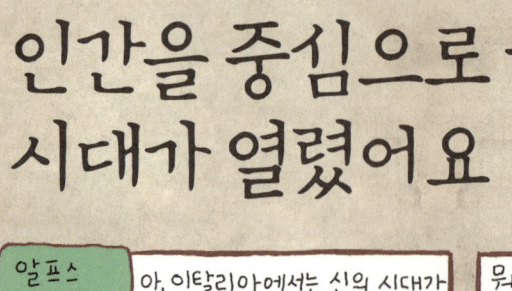

중세 유럽은 바람이 불어도, 비가 내려도 모든 것을 신의 뜻으로 여기던 시대였어요. 음악, 미술, 문학 등 모든 문화도 마찬가지였지요. 옛날 그리스 로마 시대처럼 사람의 몸을 조각하거나 그리는 것은 신을 모독하는 것으로 여겼어요.

남부 유럽의 이탈리아에서는 조금씩 다른 문화가 싹트고 있었어요. 옛날 로마 제국의 영토였던 이탈리아는 피렌체, 베네치아, 피사, 밀라노 같은 도시들이 무역을 통해 큰돈을 벌어 여유로운 생활을 하고 있었고 인간에 대해 관심을 갖기 시작했지요. 신도 인간처럼 표현하던 고대 그리스 로마 문화를 다시 부활시키려는 움직임이 나타난 거예요. 이처럼 예술과 문학에 나타난 새로운 문화를 '르네상스'라고 해요.

대표적인 미술가로는 레오나르도 다 빈치, 미켈란젤로, 라파엘로, 보티첼리 등이 있지요. 이들이 마음껏 작품에 몰두할 수 있었던 것은 부유한 가문들의 후원 덕분이었어요. 그 가운데 메디치 가문은 피렌체 시의 세금 가운데 65%를 낼 정도로 돈은 많았으나 평범한 중산층 집안이었기 때문에 예술을 이용해 귀족들과 어울렸지요.

르네상스는 16세기에 알프스 산맥을 넘어 서유럽으로 전해졌어요. 북쪽에 있던 독일은 도시와 상업이 발달한 이탈리아와는 달리, 아직도 교황의 힘이 강해서 종교적인 데다가 사람들을 괴롭히는 영주나 기사도 있었어요. 사람들은 그들에 대한 불만을 글로 표현하기 시작했어요.

에스파냐의 세르반테스는 《돈키호테》라는 책에서 우스꽝스러운 기사의 이야기를 통해 기사와 영주 들을 풍자했고, 네덜란드의 에라스뮈스는 《우신예찬》, 즉 어리석은 신을 찬양한다는 제목의 책을 써서 교황과 교회를 비판했어요. 영국의 토마스 모어는 《유토피아》라는 책에서 자기가 꿈꾸는 평등하고 아름다운 세상을 표현했지요. 영국의 셰익스피어는 《로미오와 줄리엣》, 《햄릿》, 《리어 왕》 등 영어로 된 희곡을 통해 영어의 수준을 한층 높였어요. 르네상스 전까지만 해도 로마 가톨릭에서 사용하는 라틴 어가 아닌, 자기 나라 말로 글을 쓴다는 건 상상도 할 수 없는 일이었지요. 이처럼 근세 유럽은 신이 아닌 '인간 중심'의 사회로 큰 발을 내딛었답니다.

History

유럽의 학문과 지식 수준을 한 단계 높였어요

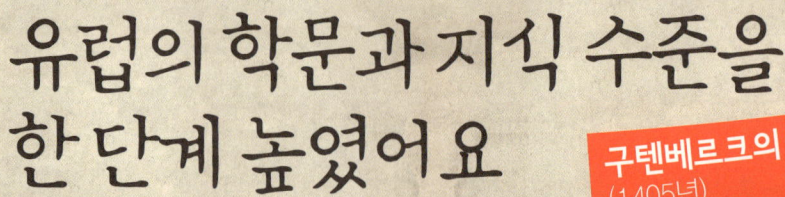
구텐베르크의 인쇄술 (1405년)

르네상스가 유럽에 전파되어 정치와 종교를 풍자하는 책들이 나올 당시에 책값은 무척 비쌌어요. 그래서 보통 사람들은 그때까지도 로마 가톨릭의 성서인《성경》을 볼 수 없었지요. 그 당시 책은 두드려서 부드럽게 말린 양가죽이나 소가죽에다 사람이 일일이 손으로 베껴 써야 했고, 둘둘 말아 놓은 두루마리 형태였어요. 만들기도 어렵고 만드는 데 시간이 많이 걸리니 몇 개 만들지도 못했어요.

그러나 흑사병이 유럽을 휩쓸고 간 이후에 상업과 무역이 활발해지면서 물자가 풍부해졌어요. 게다가 사람들이 자연 현상에 관심을 가지면서 곳곳에 대학이 생겼지요.

"이제 책이 정말 많이 필요해질 거야."

독일의 상인이었던 구텐베르크는 새로운 인쇄기를 고민하기 시작했어요. 물론 이미 크고 작은 인쇄기들이 사용되고 있었지만 많은 책을 한꺼번에 찍을 수 있는 편리한 기계는 아직 없었거든요. 그러다가 포도를 눌러서 즙을 짜내는 프레스를 보았어요.

"바로 저 원리야! 문자를 틀에 배열한 다음, 잉크를 바르고 찍는 거야!"

고향으로 돌아온 구텐베르크는 프레스 틀을 모방하여 마침내 인쇄 기계를 만들었어요. 그는 성직자, 귀족들만 볼 수 있었던 성서를 찍어서 많은 사람들이 쉽게 볼 수 있도록 하고 싶었어요. '구텐베르크 성서'라고도 불리는《42행 성서》는 그가 만든 최초의 인쇄본이에요. 모두 2권으로 총 1,272쪽이나 되는 책이었지요.

예전에는 책 1권을 만들려면 2개월이나 걸렸어요. 하지만 구텐베르크가 인쇄 기계를 발명한 뒤에는 일주일 만에 책 500권이 인쇄되었어요. 1450년부터 1500년까지 영국, 독일 등 유럽 각국에서는 2,000만 권에 달하는 인쇄본이 나왔어요.

책값은 저렴해졌고, 만드는 기술 또한 발달하면서 두께도 점점 얇아졌지요. 사람들은 앞다퉈 책을 사 읽기 시작했어요. 정보의 대폭발이 일어난 거예요. 오늘날 구텐베르크의 인쇄술이 '인터넷 혁명'과도 비교되는 것은 바로 '정보'가 전 유럽에 넘쳐나는 계기가 됐기 때문이에요.

History

유럽에서 아시아와 아메리카로 눈을 돌렸어요

신항로 개척 (1492년)

"후추를 뿌리니까 고기가 훨씬 맛있어요."

"그렇죠? 그런데 구하기가 너무 힘들어요."

　15세기에 이르러 유럽 사람들은 비단길을 통해 들어오던 중국의 비단, 인도의 후추, 보석, 도자기 등을 더 많이 원하게 되었어요. 특히 후추는 같은 양의 금과 맞바꿀 만큼 귀한 대접을 받았지요. 그러나 비단길 한가운데를 가로막고 있는 이슬람의 오스만 제국 때문에 육로로 무역을 하려면 목숨을 걸어야 할 만큼 위험했어요. 바닷길도 어렵기는 마찬가지였어요. 이 당시 사람들은 지구가 네모나다고 생각해서 수평선 끝은 낭떠러지라 뚝 떨어진다고 믿었어요.

1492년에 콜럼버스는 에스파냐의 이사벨라 여왕의 도움으로 바닷길을 개척하여 인도까지 가기로 마음먹었어요. 그 무렵 유럽에는 지구가 둥글다는 학설이 떠돌고 있었는데, 계속 서쪽으로 가다 보면 중국과 인도가 나올 것이라고 믿었던 거예요. 30일에 걸쳐 대서양을 건너 도착한 곳은 현재 미국의 바하마 군도였어요. 콜럼버스는 그곳을 인도라고 믿어 '서인도 군도'라 이름 짓고 원주민들을 '인디언(인도 사람)'이라고 불렀어요. 훗날 아메리고라는 사람이 그 땅이 인도가 아니었다는 사실을 알고 자신의 이름을 따서 '아메리카'라고 부르게 되었답니다.

한편, 에스파냐는 항해가이자 탐험가인 마젤란을 도와 인도로 가는 새로운 항로를 발견하기로 했어요. 지금은 마젤란 해협이라 불리는 남아메리카의 해협을 겨우 통과했을 때, 그를 맞이한 건 넓고 넓은 태평양이었어요. 대서양과는 비교할 수 없을 정도로 넓은 그 바다를 3년 만에 건너 간신히 돌아왔지만 이미, 마젤란은 죽은 뒤였어요. 그러나 이 항해는 최초의 세계 일주라는 기록으로 남게 되었지요. 동시에 서쪽으로만 계속 가면 제자리에 돌아올 수 있다는 걸 보여 줌으로써 지구가 둥글다는 것도 증명하게 되었지요.

신항로의 개척으로 동양에서는 향신료, 비단, 차, 면직물 등의 새로운 물건들이, 아메리카 대륙에서는 감자, 옥수수, 담배 같은 새로운 작물이 유럽으로 들어왔어요. 보석이 대량으로 들어오면서 물가가 크게 올랐고, 상업이 발달하고 기업이 생기기 시작했어요. 그리고 유럽의 강대국들은 아시아와 아메리카의 땅을 차지하고 싶은 욕심을 갖게 되었어요.

History

부패한 로마 가톨릭 교회를 개혁해요

종교 개혁 (1517년)

1515년, 교황 레오 10세는 로마 교황청의 권위를 더 높이기 위해서 성 베드로 대성당을 고쳐 지을 계획을 세웠어요. 서유럽에 있는 모든 성당의 신부들은 이 공사에 들어갈 돈을 모아야만 했지요. 독일의 성당에서는 면죄부를 팔기로 했어요. 돈을 내고 면죄부를 사면 그만큼 죄가 없어진다고 했어요.

"죄를 돈으로 없앤다고?"

신학 대학의 교수였던 마르틴 루터는 1517년에 면죄부와 교황의 잘못을 비판하는 〈95개조 반박문〉을 적어서 비텐베르크 성당 벽에 붙였어요. 그는 믿음만 있으면 구원받을 수 있고, 모든 사람은 신 앞에서 평등하다고 주장했지요. 이 반박문은 2개월 만에 전 유럽으로 퍼졌어요.

루터는 독일 황제와 교황을 피해 다니면서 《성경》을 독일어로 번역했어요. 원래 《성경》은 어려운 라틴 어로 적혀 있는 데다가 값도 비싸서 왕족이나 성직자가 아니면 읽기가 어려웠지요. 그런데 구텐베르크가 인쇄술을 발전시키고 루터가 번역한 덕분에 독일에서는 누구나 《성경》을 쉽게 접할 수 있게 되었어요. 사람들은 그동안 성직자들이 《성경》을 이용해서 자신들을 속여 왔고, 교황청이 부패했다는 것을 깨달았어요.

황제와 사이가 나쁜 제후들과 가난한 농민들이 루터파 신교도가 되었고, 이들을 핍박하던 교황과 황제가 한편이 되어서 둘 사이에 전쟁이 일어났어요. 긴 싸움 끝에 1555년, 루터파는 정식 종교로 인정받게 되었답니다.

이때, 믿음을 강조하고 교회에 자주 나가야 한다고 주장하는 루터파에게 불만을 가진 사람이 있었어요. 바로 스위스의 제네바에서 종교 개혁을 일으킨 칼뱅이었어요.

"우리는 구원받기로 예정되어 있습니다. 따라서 열심히 장사하고 일하면 됩니다. 직업에 충실한 것이야말로 신의 영광을 드러내는 것입니다."

칼뱅의 '구원 예정설'은 교회에 자주 가기 어려운 상공업 종사자들에게 큰 환영을 받았어요.

이렇게 해서 농민층을 중심으로 하는 루터파는 북부 독일, 덴마크, 노르웨이에서 주로 믿었고 칼뱅파는 프랑스, 네덜란드, 영국 등을 중심으로 퍼져 나갔어요.

History

역사 속으로 사라진 아메리카 문명

아스테카, 잉카의 멸망
(1521년, 1533년)

피라미드 하면 대부분 이집트를 떠올리지요. 하지만 더 많은 피라미드가 있는 곳이 있어요. 바로 라틴 아메리카의 멕시코예요. 이곳에는 12세기경, 아스테카 문명이 꽃피고 있었어요. 이집트의 피라미드는 왕의 무덤이었지만 아스테카의 피라미드는 신에게 제사를 드리기 위한 신전이었지요.

아스테카 문명이 번성하고 있을 즈음, 라틴 아메리카의 페루 지역에서는 잉카 제국이 서서히 그 모습을 드러내고 있었어요.

"해발 2,400미터에 이런 도시가 있다니!"

1911년에 미국의 역사학자인 하이람 빙엄은 마추픽추를 발견하고 감탄을 금치 못했어요. '늙은 봉우리'라는 의미를 가진 마추픽추는 1460년경에 세워진 잉카 제국의 도시랍니다. '잉카의 잃어버린 도시', '공중 도시'라고도 불리지요.

잉카 인들은 12세기부터 지금의 페루와 칠레 지역에 문명을 발전시켜 나갔어요. '배꼽'이라는 뜻의 쿠스코를 수도로 삼고, 깊은 산골짜기에 계단식 밭을 만들어 농사를 지었어요. 정복 전쟁을 통해서 영토를 넓혀 가던 잉카 제국은 15세기 중엽, 라틴 아메리카 최대의 제국이 되었어요.

그때 에스파냐가 라틴 아메리카를 공격하기 시작했어요. 1519년 에스파냐의 코르테스가 왔을 때 아스테카 제국의 황제 몬테수마 2세는 그의 군대를 환영했어요. 전설에 나오는 뱀의 신이 왔다고 생각했었거든요. 하지만 코르테스는 1521년에 아스테카 제국을 완전히 정복하고 그곳에 멕시코시티를 건설했어요.

한편, 피사로가 이끄는 에스파냐 군대는 1533년 잉카 제국을 멸망시켰어요. 잉카의 수도 쿠스코는 파괴되었지만, 마추픽추는 주위를 둘러싼 뾰족한 봉우리들 덕에 에스파냐 사람들에게 발견되지 않고 보존될 수 있었어요. 잉카 인들이 어떤 방법으로 거대한 돌을 높은 산 정상까지 운반해 건물을 지었는지는 지금까지도 풀리지 않는 수수께끼로 남아 있어요.

마추픽추
고대 잉카 제국의 도시이며, 유네스코 세계 문화유산으로 지정되었어요. 해발 약 2,457m에 위치해서 산 아래에서는 보이지 않아요.

History

이슬람과 인도 문화가 만났어요

무굴 제국
(1526~1857년)

인도에서는 오래 전부터 카스트 제도 때문에 신분이 낮은 사람들은 대를 이어서 큰 고통을 겪어야만 했어요. 그래서 인도의 하층민들은 '알라 앞에서는 모두가 평등하다.'는 이슬람교의 말씀에 위로를 얻었지요.

1526년, 몽골의 후손인 바부르가 인도 북부의 중심지인 델리와 아그라를 차지하면서 무굴 제국을 세웠어요. 무굴 제국의 세 번째 왕인 악바르 왕은 인도 북부와 아프가니스탄을 포함한 대제국을 건설하고, 정치, 경제, 사회 등 여러 분야에서 제국의 기틀을 마련했어요. 악바르 왕 자신은 이슬람교 신자였지만, 힌두교를 차별하지 않고 힌두교 신자에게 물리던 세금을 없애고 벼슬할 수 있는 기회도 주었어요. 인도인들과 원활한 소통을 하기 위해 힌두 어, 아랍어 등을 혼합한 우르두 어도 만들었지요. 그는 나아가 힌두교 신자인 공주와 결혼하여 이슬람교와 힌두교 사이의 화합을 실천하려고 노력했어요.

그러자 이슬람교와 힌두교가 합해진 시크교가 탄생했어요. 시크교는 우상 숭배를 거부하고 카스트 제도를 부정했기에 인도인들에게 큰 사랑을 받았어요. 건축에서는 타지마할과 같은 뛰어난 작품이 탄생했지요. 타지마할은 샤 자한 왕이 끔찍이 사랑하던 뭄타즈 마할 왕비가 죽자 22년에 걸쳐 어마어마한 돈과 노동력을 들여 지은 왕비의 무덤이에요. 이슬람 사원의 양식에 연꽃무늬를 비롯한 인도 고유의 문화를 잘 조화시켜 인도와 이슬람 문화의 특징을 모두 잘 보여 주고 있어요.

무굴 제국은 17세기 아우랑제브 왕 때에 인도의 대부분을 차지하며 크게 발전했어요. 하지만 힌두교 신자들에게 엄청난 세금을 매기고, 힌두교 신전을 파괴하는 등 힌두교를 탄압했어요. 그리고 영토를 넓히기 위한 전쟁을 계속하는 바람에 나라 살림은 점점 바닥을 보이고 국력이 빠르게 약해졌어요. 결국 무굴 제국은 1739년 페르시아의 침공으로 거의 멸망 상태에 이르렀다가 영국을 비롯한 서양 세력의 침략을 받아 1857년 역사 속으로 사라졌어요.

History

일본이 오랜 분열을 끝내고 통일했어요

일본의 통일
(1590년)

일본에서는 검을 쓰는 무사들을 '사무라이'라고 불러요. 12세기, 헤이안 시대 말기에 본격적으로 사무라이가 등장했지요. 이때 유명한 사무라이였던 미나모토노 요리토모가 덴노(일본의 왕을 일컫는 말)를 협박하여 최고 무사인 쇼군 자리에 올랐어요. 덴노의 자리가 탐났지만 그렇게 할 경우 여기저기서 반란이 일어날 것이 뻔하니, 오히려 덴노를 이용해서 권력을 유지했어요.

미나모토노가 만든 이런 정치를 '막부 정치'라고 하고, 이 시기를 가마쿠라 막부 시대라고 하지요. 가마쿠라 막부는 몽골과의 전쟁이 끝난 뒤 보상 문제 때문에 사람들이 곳곳에서 반란을 일으켜 1333년에 무너지고 말았어요.

　이때 두 명의 덴노와 두 개의 정부가 동시에 나타나 남·북조로 갈라진 일본을, 무로마치 막부가 통일하여 240년 간 통치했어요. 무로마치 막부는 세력이 약한 편이어서 지방마다 '다이묘'라고 불리는 영주들이 새롭게 생기기 시작했어요. 충성을 바치는 무사 정신은 다 사라져 버리고 자신의 이익에 따라 쉽게 배신하는 대혼란의 시대가 온 것이지요.

　1543년, 포르투갈 배가 온 것을 계기로 일본에 서양의 문물이 들어오기 시작했어요. 그때 처음으로 조총과 크리스트교가 소개되었어요. 다이묘들은 조총으로 더욱 치열하게 전쟁을 벌였어요.

　이 혼란 속에서 크리스트교를 보호하고 외국과 지속적인 교류를 했던 인물이 바로 오다 노부나가예요. 천하 통일을 꿈꾸던 그는 통일을 눈앞에 두고 신하의 배신으로 죽고 말아요. 그러자 평소 오다를 충실히 따랐던 도요토미 히데요시가 그 뜻을 이어받아 1590년에 드디어 천하 통일을 이루었지요. 도요토미는 다이묘들의 관심을 국외로 돌리기 위해 조선을 침입하여 두 차례의 전쟁을 일으켜 대륙으로 진출을 꾀했지만 결국 7년 만에 패배하고 말지요.

　통일의 기초를 닦은 사람은 오다, 통일을 이룩한 사람은 도요토미였지만, 통일 후 정작 쇼군이 된 사람은 도쿠가와 이에야스예요. 그는 에도(오늘날의 도쿄)에 강력한 막부를 세웠고 이후 260년간 '에도 시대'가 유지되었답니다.

History

식민지 무역은 전부 내 손안에!

영국의 동인도 회사 (1600년)

"인도를 차지하자!"

17세기 초, 항해술이 발달하여 바닷길을 열게 된 영국, 네덜란드, 프랑스 등은 돈을 벌기 위해 인도로 모여 들었어요. 인도는 서양과 중국의 한가운데 있는 나라였기 때문에 인도에 땅을 가지고 있으면 손쉽게 동양의 나라까지 정복할 수 있었어요. 그래서 더더욱 인도를 식민지로 만들기 위해 안간힘을 썼어요.

이때 유럽의 강대국들은 강력한 왕권을 중심으로 한 중앙 집권적 정치 체제를 갖추고 있었어요. 이것을 '절대주의'라고 하지요. 왕들은 상공업에 종사하는 사람들과 손을 잡고 큰돈을 벌었어요. 즉 왕이 국가의 경제 활동에 직접 참여하여 수출과 수입을 조절하고 나라 밖에 식민지를 만들었지요. 이것을 '중상주의'라고 해요. 상공업에 종사하는 사람들 입장에서는 새로운 시장이 생겨야 더 큰 이익을 얻을 수 있었기 때문에 많은 돈을 왕에게 주었고, 왕은 이 돈으로 군대를 만들어 식민지를 개척하여 상인들에게 새로운 시장을 열어 주었어요.

동인도 회사는 절대주의 국가의 왕들이 동양으로 진출하기 위해 만든 회사였어요. 1600년에 영국이 동인도 회사를 가장 먼저 설립하였어요. 그전까지는 에스파냐와 포르투갈이 인도의 향신료 무역을 독점하고 있었어요. 그러다가 1588년에 영국이 에스파냐의 함대를 격파하고 인도의 동북부 지방에 동인도 회사를 세우고 상업권을 거머쥐었지요.

이후 영국은 인도의 향신료 농장을 직접 경영하고 독점하여 막대한 이익을 얻었어요. 약간의 돈만 주면 농장에서 일할 사람은 얼마든지 구할 수 있었기 때문에 생산비가 거의 들지 않았어요.

17세기 후반에는 프랑스도 인도, 동아프리카, 마다가스카르와 무역을 하기 위해 동인도 회사를 세웠어요. 인도의 벵골을 중심으로 옛 무굴 제국 전체를 차지하려고 영국과 신경전을 벌였지요. 마침내 1757년에 영국군과 프랑스 군 사이에 전투가 벌어졌고, 영국이 승리하였어요. 그 뒤로 영국은 벵골 전체에 값싼 영국산 면제품을 수출하여 얻은 이익으로 세계 곳곳에 식민지를 건설할 바탕을 마련할 수 있었어요.

누르하치의 자손들이 청나라를 세웠어요

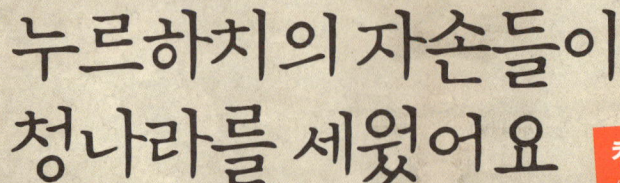

청나라 건국
(1636년)

중국의 명나라가 약해지고 있을 무렵 만주 벌판에서는 여진족이 점차 커 갔어요. 여진족이었던 누르하치는 아버지와 할아버지를 모두 명나라와의 전쟁에서 잃었어요. 그래서 꼭 명나라를 멸망시키겠다는 복수를 꿈꾸었지요.

누르하치는 여진족을 통일시키고 명나라의 의심을 피하기 위해 귀한 물품과 토산품 등을 해마다 명나라에 바쳤어요. 명나라는 누르하치를 기특하게 여겨 '용호 장군'이라는 이름까지 붙여 주었어요. 1616년, 마침내 누르하치는 왕의 자리에 올라 국호를 '후금'이라고 했어요.

조선이 명나라를 섬기고 후금을 오랑캐라며 무시하자 후금은 1627년에 전쟁을 일으켜 순식간에 평양까지 점령했어요. 조선에게 명나라 편을 들지 않겠다는 약속을 받아 내고, 왕족을 인질로 삼은 뒤에야 후금으로 돌아갔어요.

1636년에 국호를 '청'으로 바꾼 그들은 또 다시 조선으로 쳐들어와 전쟁을 일으켰어요. 조선이 약속을 했는데도 여전히 명나라를 섬겼기 때문이지요. 막강한 청나라 군대는 순식간에 한양 근처까지 쳐들어왔고, 놀란 인조와 신하들은 남한산성으로 들어가 45일간 싸웠어요. 하지만 청나라의 계속된 공격에 인조는 남한산성에서 나와 항복을 하고 말지요.

그 즈음에 명나라는 청나라뿐만 아니라 농민 반란군을 지휘하던 이자성 때문에 이러지도 저러지도 못하고 있었어요. 1643년 4월, 이자성의 부대가 황제가 있는 자금성을 함락시켰어요. 이로써 명나라는 건국 277년 만에 사라지고 말았지요. 이후 청나라는 명나라 수도였던 베이징을 차지하고, 이자성과 그 군대를 물리치고 중국 대륙을 지배하였어요.

인구가 매우 적었던 여진족은 원래 중국에서 살던 한족의 전통을 존중하고 명나라의 제도를 이어받았으며, 한족도 관직에 등용했어요. 그래서 한족들이 반항심을 버리고 청나라를 인정하기 시작했지요.

청나라는 17세기 후반 강희제 때 크게 발전했어요. 중국 전체를 통일하고 몽골 고원을 정복했으며, 러시아를 막아 냈지요. 경제적으로도 크게 발전하여 감자, 고구마 등 새로운 작물이 재배되어 먹을거리가 풍부해졌어요. 19세기에는 인구가 4억 명이 훌쩍 넘었고 19세기 전반까지 전성기를 누렸지요. 오늘날 중국의 국경선은 청나라의 영토를 기초로 한 것이랍니다.

History

프랑스 역사상 가장 강력한 힘을 가진 왕

루이 14세 (1638~1715년)

16세기 말에서 18세기의 유럽은 왕권신수설(왕은 신에게 권력을 부여받았기 때문에 절대 복종해야 한다는 사상)을 내세우며 강력한 통치를 해 나갔어요. 에스파냐, 영국, 프랑스, 러시아, 프로이센이 절대적인 왕권을 가지고 통치를 했지요. 그 가운데 프랑스의 루이 14세는 '태양왕'이라는 별칭을 들을 만큼 강력한 권력을 누렸어요.

5세에 왕위에 오른 그는 어머니와 재상 쥘 마자랭의 도움을 받으며 정치를 배웠어요. 이 과정에서 에스파냐의 침략을 받기도 하고 국민들로부터 약한 왕이라고 비난받고, 심지어는 파리 고등 법원으로부터 압력을 받기도 했지요.

"이 굴욕을 잊지 않겠다! 강력한 왕이 될 것이다."

마자랭이 죽은 뒤, 루이 14세는 프랑스의 뛰어난 상공업자들과 손잡고 중상주의를 채택해서 돈을 벌어들였어요. 그 돈으로 강력한 군대를 기르고, 어렸을 때 무시받았던 일에 대한 앙갚음으로 파리 고등 법원을 일반 재판소로 낮추어 버렸지요. 사람들은 루이 14세를 '살아 있는 법률'이라고 두려워했고 그 역시, '짐이 곧 국가'라고 만천하에 선포했어요.

루이 14세의 곁에는 뛰어난 재상과 현명한 신하들이 많았어요. 이들과 함께 유럽의 강대국들을 상대로 한 전쟁을 모두 승리로 이끌어 프랑스는 유럽에서 가장 강력한 나라가 되었지요.

"강력한 나라에는 종교도 하나여야 한다!"

루이 14세는 1685년에 프랑스 신교도들을 박해하기 시작했어요. 칼뱅파였던 상공업자들은 종교적 탄압을 이기지 못해 외국으로 도망갔어요. 그 바람에 프랑스의 산업은 큰 타격을 입었고 거두어들일 세금도 줄어들었지요.

당시 루이 14세는 유럽에서 가장 아름답고 화려한 베르사유 궁전을 짓고 날마다 무도회를 여는 등 호화로운 생활을 즐겼어요. 프랑스 재정은 점점 어려워졌고 이것이 나중에 '프랑스 혁명'의 원인 가운데 하나가 되었답니다.

History

강력한 힘으로 러시아를 일으켰어요

표트르 대제
(1682~1725년)

"아얏!"

망치로 못을 박던 표트르는 자기도 모르게 비명을 질렀어요.

"폐하 괜찮으십니까?"

시종의 말에 표트르가 속삭였어요.

"쉿! 배 만드는 기술을 아직 다 익히지 못했다. 그 전까지 누구도 내가 황제라는 걸 알아선 안 돼."

15세 때부터 네덜란드, 영국, 독일 등을 다니면서 발달된 항해술, 조선술,

화약 기술, 수학, 해부학 등을 배우며 강력한 러시아를 꿈꾸었던 소년 황제가 있었어요. 그가 표트르 대제예요. 그 당시 러시아는 스웨덴, 폴란드, 튀르크에게 돌아가면서 침략을 당하던 약소국이었어요. 서양인에 대한 거부감도 커져 다른 나라의 문물을 받아들이려 하지 않아 러시아의 정치, 경제, 문화는 여전히 뒤처져 있었어요. 러시아가 처한 상황을 바로 알게 된 표트르 대제는 발달된 서양 문물을 직접 배우고 백성들에게 알리기 위해 노력했지요.

표트르 대제는 대대적인 개혁을 시작했어요. 수염이 낡은 전통을 상징한다고 여겨 수염을 자르도록 했고, 기르고 싶다면 수염세를 내도록 했어요. 그리고 외국어를 익히지 못하면 귀족 신분을 뺏기로 했지요. 강력한 개혁 정치로 귀족 세력을 억누르고 왕권을 강화시켰어요. 게다가 스웨덴과의 전쟁에서 승리하여 발트 해 연안을 정복하자, 표트르 대제의 말은 곧 법이 되었어요.

표트르 대제는 배를 만들었던 지식을 활용하여 함선을 만들고, 수천 명의 젊은이들에게 해군 훈련을 시켰어요. 그리고 1696년 봄, 이슬람의 오스만 제국을 쉽게 물리칠 수 있었어요. 이 전투로 표트르 대제의 이름은 유럽의 모든 나라에 알려지게 되었지요.

1722년에 표트르 대제는 신하들의 능력과 실적에 따라 관직을 부여받도록 하였고, 러시아 최초로 인구 조사를 실시하였어요. 행정, 군사, 경제, 문화, 교육, 종교 등 모든 분야에서 개혁을 이루었지요.

그의 이런 개혁과 서양 문물을 적극적으로 받아들인 정책은 러시아를 근대화로 이끌었고, 약소국에서 유럽과 동등한 세력으로 맞설 수 있는 강대국으로 만든 바탕이 되었답니다.

4장

근대 사회로 가는 길

17 ~ 19세기

- 인클로저 운동
- 명예혁명
- 산업 혁명
- 미국의 독립
- 유럽 인의 호주 정착
- 프랑스 혁명
- 나폴레옹
- 남미의 해방
- 중국의 근대화 운동
- 공산당 선언
- 세포이 항쟁
- 남북 전쟁
- 메이지 유신
- 철혈 재상의 독일 통일
- 여성 참정권
- 청일 전쟁
- 아프리카의 분할

History

양을 기르기 위해 농민들을 쫓아냈어요

인클로저 운동 (15~19세기)

15세기 중엽 이후, 영국에서는 양털을 가공하여 천을 만드는 모직물 산업이 크게 발전했어요. 더불어 귀족보다 신분은 낮지만 공장을 지어 큰돈을 벌거나 대규모 농장을 소유하여 돈을 번 젠트리가 나타났지요.

"농민들에게 땅을 빌려 주는 것보다 양을 키우면 더 큰돈을 벌 수 있어."

더욱 큰 부자가 되고 싶었던 젠트리들은 15세기 말부터 농사를 짓고 있는 경작지나 공유지에 울타리를 치고 농민들이 접근하지 못하게 했어요. 이것을 제1차 인클로저 운동이라고 하지요. '인클로저'는 울타리 치는 것을 가리켜요.

농민들의 삶은 비참해졌어요. 영국의 정치가이자 철학자인 토마스 모어는 '전에는 사람이 양을 먹었지만 지금은 양이 사람을 잡아먹는다.'라고 표현할 정도였지요.

농민들은 농사지을 땅이 없으니 일자리를 찾아서 도시로 모여들었어요. 큰 상점이나 공장을 가지고 있었던 다른 젠트리들은 도시로 몰려오는 사람들로 인해 매우 즐거웠어요. 일할 사람이 많으니 월급을 조금만 주어도 쉽게 사람을 구할 수 있었기 때문이지요.

한편, 양을 기르기 위한 목장이 많아지고 농사를 짓는 땅과 사람이 줄어들면서 농산물 가격이 크게 오르기 시작했어요.

"이참에 땅을 몽땅 사들여서 대규모 경작을 하면 더 큰 부자가 되겠군!"

젠트리들은 그나마 자기 땅을 갖고 있던 농민들에게서 땅을 사들여 자신의 농장 규모를 더욱 크게 불려 나갔어요. 이것을 제2차 인클로저 운동이라고 해요. 비싸진 농작물로 돈을 벌려는 젠트리들의 욕심으로 더 많은 농민들이 자기 땅에서 쫓겨나게 되었어요.

그 결과, 도시는 일자리를 찾아 헤매는 가난한 농민들로 가득 찼고, 젠트리들은 농민들에게 월급을 적게 주면서 큰돈을 모아 나갔어요. 농민들은 하루 종일 일을 해도 가난을 면하기 어려웠지요. 영국 정부에서는 이 악순환을 막아 보고자 인클로저 운동 금지령을 자주 내렸지만 아무 소용없었어요.

19세기까지 꾸준히 이어진 인클로저 운동으로 인해 농촌 경제가 몇몇 대농장주에게 넘어가 버렸고 도시의 상공업은 크게 발달하게 되었어요. 하지만 농민에서 공장 노동자와 상인이 된 시민들은 더욱 가난해지고 말았답니다.

History

왕이 상징적인 존재로 남게 되었어요

명예혁명 (1688년)

엘리자베스 1세에 이어 영국의 왕이 된 제임스 1세와 아들인 찰스 1세는 의회를 무시하고 멋대로 세금을 올리고 종교적인 탄압까지 서슴지 않았어요.

젠트리들 가운데 신교를 믿으며 검소한 생활을 하는 이들이 있었어요. 이들을 청교도라고 해요. 의회에서 활동 중이던 청교도들은 종교적인 탄압을 도저히 참을 수 없었어요. 결국 1628년에 자신들의 의견을 문서에 담은 〈권리 청원〉을 왕에게 보냈지요.

"함부로 시민을 체포하거나 구금할 수 없다. 의회의 동의 없이 세금을 올리거나 강제로 받을 수 없다."

찰스 1세는 마지못해 허락했지만, 곧 의회를 해산시키고 11년 동안 열지 않았어요. 하지만 나라의 금고가 바닥나 세금을 더 거두기 위해 의회를 열어야 했어요. 영국 의원이던 크롬웰은 청교도들과 의회를 장악하고 찰스 1세의 요구를 거부했어요. 찰스 1세가 무력으로 의회를 탄압하자, 의회 또한 무력으로 저항했어요. 결국 찰스 1세를 따르는 왕당파와 청교도를 중심으로 한 의회파 사이에 싸움이 일어났어요. 마침내 1649년에 크롬웰이 이끄는 청교도가 승리를 하였고 이것을 '청교도 혁명'이라고 해요.

크롬웰은 군대를 이끌고 찰스 1세를 처형한 후 청교도 신앙을 바탕으로 엄격하게 나라를 다스렸어요. 크롬웰이 병으로 죽자, 다시 왕의 통치를 바란 사람들이 프랑스로 피신해 있던 찰스 1세의 아들인 찰스 2세를 왕으로 삼았어요.

1685년에 찰스 2세가 죽고, 그의 동생인 제임스 2세가 왕이 되었어요. 제임스 2세는 영국에 가톨릭을 부활시키고 절대 왕정 체제를 강화시키려 했어요. 그러자 의회는 제임스 2세를 폐위시키고 신교를 믿던 제임스 2세의 딸 메리와 그녀의 남편 윌리엄 3세에게 왕이 되어 달라고 부탁했어요. 결국, 제임스 2세는 프랑스로 달아나고 왕위에 오른 윌리엄 3세와 메리는 1689년에 의회가 제출한 〈권리 장전〉에 도장을 찍었어요.

더 이상 왕이 의회와 국민을 무시하고 독재를 할 수 없게 만든 거예요. 한 방울의 피도 흘리지 않고 마음에 들지 않는 왕을 바꾼 이 사건을 '명예혁명'이라고 해요. 이로써 영국은 왕은 있으나 법에 의해 통치하고, 의회가 중심이 되어 나라를 이끌어 가는 입헌 군주제를 확립하게 되었답니다.

History

새로운 기계의 발명이 세상을 바꾸었어요

산업 혁명 (18세기)

　18세기 영국에서는 양털이나 면화에서 실을 뽑아 천을 만드는 방적 산업이 나날이 커지고 있었어요. 특히 면직물은 빨래하기도 쉽고 가벼운 데다가 옷을 지었을 때 땀 흡수도 훨씬 잘되었기에 인기가 많았어요.

　영국에서는 짧은 시간 안에 많은 면직물을 생산하기 위해 여러 종류의 방적기를 만들기 시작했어요. 돈이 많은 젠트리들은 더욱 큰 이익을 얻기 위해 방적기를 한자리에 모아 놓은 공장을 세우기에 이르렀어요. 큰 공장을 움직이기 위해 사람, 말, 소보다 더 큰 에너지가 필요했던 공장주들은 물의 힘을 이용하여 기계를 돌렸어요. 그래서 반드시 큰 강 옆에 공장을 세워야 한다는 단점이 있었어요. 그때 스코틀랜드 출신의 기술자 제임스 와트는 어느 날 끓는 주전자에서 증기 기관의 원리를 깨닫게 되지요.

"수증기가 주전자 뚜껑을 들어 올리네. 만약 수증기의 양이 많아지면 큰 기계도 움직일 수 있을 거야."

이전에도 증기 기관은 있었지만 물을 끓이는 데에 석탄을 너무 많이 사용해야 했어요. 와트는 1769년 세계 최초로 증기 기관 특허를 영국 정부로부터 받아 냈어요. 석탄을 적게 쓰면서도 힘은 훨씬 크게 낼 수 있어서 충분히 방적기를 움직일 수 있었지요. 이처럼 증기 기관의 발명으로 공장이 기계화되고, 인류 역사상 처음으로 대량 생산이 가능해진 것을 '산업 혁명'이라고 해요.

증기 기관이 널리 사용되자, 석탄이 더 많이 필요해졌어요. 덩달아 석탄 생산량도 많이 늘어났지요. 또한 증기 기관의 재료인 값싸고 질 좋은 철도 꼭 필요했기 때문에 철광 산업도 발달하게 됐답니다.

1807년, 미국의 로버트 풀턴은 증기선을 발명하여 배의 속도를 더욱 빠르게 했고, 영국의 조지 스티븐슨은 1814년에 증기 기관차를 발명하여 기차로 수많은 사람과 상품을 실어 나를 수 있는 길을 열었어요.

증기 기관이 자동차, 기차, 배 등의 탈것에 도움을 주면서 인류의 생활은 크게 변화되었고, 편리해졌어요. 그러나 산업 혁명은 환경을 심각하게 오염시키고, 공장주와 같은 부자들은 더 많은 부를 쌓고, 노동자와 같은 가난한 사람들은 계속 가난하게 살면서 빈부의 격차가 심해져 많은 사회 문제를 일으키게 되었어요.

History

무거운 세금이 식민지 사람들을 화나게 했어요

미국의 독립
(1776년)

크리스토퍼 콜럼버스가 아메리카로 오는 항로를 개척한 이후에 에스파냐는 오늘날 멕시코 지역에서 금과 은, 보석들을 빼앗아 많은 부를 쌓았어요. 1600년대에 들어서면서 프랑스와 영국도 서로 더 많은 식민지를 갖기 위해 북아메리카의 땅을 두고 계속 싸웠어요. 영국은 북아메리카 대륙에서 13개 주를 식민지로 삼았어요. 그러다 북아메리카 전체의 식민지 지배권을 가지고서 프랑스와 크게 맞붙었어요. 약 8년 가까이 이어진 전쟁에서 영국이 승리를 거머쥐었어요.

프랑스와 전쟁을 치른 이후에 돈이 필요해진 영국은 식민지에서 세금을 더 걷으려고 했어요. 설탕과 차 등 수입품에 세금을 매기고, 공공 기관에서 공식적으로 작성한 서류와 출판물에 세금을 내게 했지요.

"세상에! 낯선 땅에 정착해 이제 겨우 안정을 찾아가는데 세금을 이렇게나 많이 내라니! 말도 안 돼!"

"이제부터 영국 제품은 아예 사지 맙시다!"

식민지 주민들을 크게 반발하였으나 영국은 동인도 회사를 통해 차를 강제로 수입하게 했고, 무거운 세금까지 덧붙였지요. 화가 난 주민들은 1773년 12월 16일에 보스턴 항구에 머물고 있던 동인도 회사의 배를 습격해 차를 바다에 던져 버렸어요. 이를 '보스턴 차 사건'이라고 하지요.

영국은 이를 빌미로 식민지를 더욱 탄압했고 갈등은 커져만 갔어요. 마침내 13개 주의 식민지 대표들은 필라델피아에 모여 〈독립 선언서〉를 발표하였어요. 그리고 조지 워싱턴을 독립군 총사령관으로 임명하고 1776년 7월 4일에 독립 전쟁을 시작했어요.

영국과 경쟁을 하며 사이가 좋지 않았던 프랑스, 에스파냐가 북아메리카의 독립군들을 도와주었고 식민지 주민들의 굳은 의지 덕분에 영국을 이길 수 있었어요. 1783년에 13개 주는 정식으로 독립을 이루었고 초대 대통령은 독립 전쟁을 이끌었던 워싱턴이 되었어요. 이렇게 하여 1789년 '아메리카 합중국'이 탄생했답니다.

미국의 독립 전쟁은 당시 왕의 독재에 시달리던 유럽, 특히 프랑스 사람들에게 커다란 자극을 주었어요. 또 미국의 정치 제도는 많은 나라에 영향을 주어 오늘날 민주 정치의 본보기가 되고 있답니다.

영국의 죄수들을 호주에 보냈어요

유럽 인의 호주 정착
(1788년)

영국의 항해가이자 탐험가였던 제임스 쿡은 남태평양을 항해하며 지도를 만들고 있었어요. 1769년, 선실에서 심부름을 하고 잡일을 돕던 소년 닉이 소리쳤어요.

"선장님! 저기 섬이 보여요!"

그곳은 바다로 뻗어 나온 뉴질랜드의 곶이었어요. 닉은 곶의 일부분을 보고 섬으로 착각했던 거였어요. 쿡 선장은 닉의 이름을 따 와 그 곳을 '어린 닉의 머리'라고 이름 붙였어요. 쿡 선장은 뉴질랜드 해안의 지도를 완성하고 다시

배를 돌렸어요. 그리고 1770년에는 오스트레일리아 대륙을 발견했지요.

그 당시 영국은 큰 고민거리가 하나 있었어요. 영국은 범죄자들을 미국으로 보내 버렸는데, 미국이 독립 전쟁에서 이기고 독립을 하자 더 이상 그렇게 할 수 없게 되었어요. 그래서 쿡 선장이 발견한 새로운 땅, 오스트레일리아로 죄수들을 이동시키기 시작했지요.

1788년 1월 26일, 11대의 영국 함대가 1,500명을 싣고 오스트레일리아의 보터니 만에 도착했어요. 물론 절반이 죄수들이었지요. 함대의 사령관이었던 필립 총독은 자기 아내의 이름을 따서 그곳을 '시드니'라고 불렀어요. 이후, 80년 동안 약 16만 명의 죄수들이 들어왔고, 농사지을 새로운 땅을 찾기 위해 스스로 이민 온 사람들도 해마다 5만 명씩 늘었어요.

이후, 오스트레일리아와 뉴질랜드에 유럽 인들의 수가 급증하면서 원주민들의 수는 점점 줄어들기 시작했어요. 유럽 인들이 옮겨 온 질병과 무기 때문이었지요. 이런 가운데 1840년, 와이탕기 조약에 서명함으로써 뉴질랜드는 영국의 식민지가 되었어요. 백인 이주민들이 급격하게 증가하자, 원주민이 농사지을 땅이 너무 줄어들어 1860년대까지 크고 작은 전쟁이 일어났지요.

이 시기에 오스트레일리아는 금을 캐기 위해 수많은 사람이 몰려오는 골드러시를 맞이하게 돼요. 이제 '죄수의 땅'이 아닌 '기회의 땅'으로 여겨지기 시작했어요.

제2차 세계 대전이 끝나고 난 이후, 오스트레일리아는 비로소 민주 독립국으로 거듭났고 뉴질랜드 역시 국가의 모습을 갖추어 나가게 되었답니다.

History

가난에 시달리던 시민들이 혁명을 일으켰어요

프랑스 혁명
(1789~1794년)

루이 16세가 다스리던 18세기의 프랑스는 성직자, 귀족, 평민의 세 신분으로 나뉘어 있었어요. 제1신분인 성직자와 제2신분인 귀족들은 세금 한 푼 내지 않았어요. 하지만 전체 인구의 98%를 차지하는 제3신분인 평민은 무거운 세금을 부담하면서도 정작 정치에 참여할 수 없었어요. 특히 제3신분을 대표하는 변호사, 부유한 상인과 같은 시민 계급은 불만이 더욱 컸어요. 배운 것도 많고 돈도 많지만 귀족과 차별받았으니까요.

당시 프랑스는 잇달아 벌어지는 전쟁으로 국가 재정이 바닥을 보이고 있었어요. 1789년, 루이 16세는 삼부회(성직자, 귀족, 평민의 세 신분 대표로 구성된 회의)를 열고, 귀족들도 세금을 내라고 했어요. 그러나 귀족들이 반발하자 투표로 결정짓기로 했어요. 성직자와 귀족들은 한 신분 계급이 하나의 의견을 내는 신분제 투표를 하자고 했고, 인원수가 훨씬 많았던 평민들은 머릿수로 투표를 하자고 했어요.

의견이 좁혀지지 않자, 화가 난 시민들은 자기들끼리 '국민 의회'를 결성했고 파리 시민 모두가 기뻐하며 환영했어요. 이때, 루이 16세가 국민 의회를 해산시키려 했어요. 이 소식을 들은 파리 시민들은 크게 분노하여 1789년 7월 14일에 바스티유 감옥을 습격하여 무기를 빼앗고 파리를 점령해 버렸어요. 바스티유 감옥에는 국왕과 귀족에게 불만을 갖고 있었던 사람들이 많이 갇혀 있었지요. 이것이 바로 자유, 평등, 박애를 내세운 프랑스 대혁명이에요.

"제1조, 인간은 태어나면서부터 자유와 평등의 권리를 갖는다. …… 제3조, 모든 주권의 원리는 본질적으로 국민에게 있다."

국민 의회는 프랑스 혁명을 시작으로 하여 1789년 8월 26일에 프랑스 인권 선언을 발표했어요. 자유권, 평등권과 같은 인간의 기본권을 강조하였어요. 혁명을 주도한 로베스피에르는 국민 의회를 국민 공회로 이름 바꾸고 공포 정치를 했어요. 루이 16세를 처형하고, 파리에서만 무려 1만 7,000여 명을 단두대에서 처형할 정도였지요. 계속되는 공포 정치에 점차 사람들은 불만을 나타내기 시작했고, 결국 로베스피에르도 단두대에서 처형되었어요. 하지만 혼란은 계속되었고, 연합군과의 전쟁에서 유명해진 나폴레옹이 쿠데타로 정권을 장악하여 황제의 자리에 오르게 된답니다.

History

국민 국가의 씨앗을 뿌린 나폴레옹

나폴레옹 (1769~1821년)

나폴레옹은 1769년 8월 15일에 지중해 북쪽에 위치한 프랑스의 작은 섬, 코르시카에서 가난한 지주 집안의 아들로 태어났어요. 나폴레옹은 군인이 되기 위해 사관 학교에 입학했는데 친구들과 떠들썩하게 어울려 다니기보다 혼자 조용히 역사책과 철학책, 위인전 등을 즐겨 읽었어요. 나폴레옹이 사관 학교를 졸업하고 군인이 된 뒤에 프랑스 혁명이 일어났어요.

프랑스 혁명이 성공적으로 진행되자 주변의 유럽 왕정 국가들은 불안했어요. 자기 나라 시민들도 왕을 몰아내고 혁명을 일으킬 것 같았거든요. 그래서 유럽의 왕정 국가들은 프랑스 내의 왕당파들을 지지하며 프랑스 시민 군대를 공격했어요. 그런데 나폴레옹은 이 전투에서 왕당파를 지지하는 영국 군대를 물리쳤어요. 혼란스러운 시대를 겪어 온 파리 시민들 눈에 나폴레옹은 자신들을 강력하게 끌어 줄 특별한 사람으로 보였어요. 그 뒤로 여러 전투에서 프랑스를 승리로 이끌면서 총사령관이라는 높은 직책을 맡고 프랑스 사람들에게 이름을 널리 알리기 시작했어요.

나폴레옹 군대는 가는 곳마다 승승장구했어요. 병사들이 프랑스 국민임을 자랑스러워했고 애국심은 높아만 갔지요. 그리고 전장에서 공을 세우면 누구나 승진할 수 있었어요. 더구나 유럽의 다른 나라 국민들도 나폴레옹이 자신의 나라에도 들어와 자유롭고 평등한 나라로 바꾸어 주길 원했지요. 나폴레옹이 자유가 아닌 단순한 정복 전쟁을 할 뿐이라며 그를 반대하는 사람들도 있었으나 아무런 문제가 되지 않았어요. 나폴레옹은 이집트 원정을 밀어붙였고, 영국을 제외한 유럽의 대부분을 장악하며 권력의 핵심으로 떠올랐어요. 1804년, 그는 형식적인 국민 투표를 통해 황제가 되었어요.

나폴레옹은 60차례가 넘는 회의 끝에 《나폴레옹 법전》을 편찬했어요. 모든 사람이 법 앞에 평등하다는 것과 종교 선택과 양심의 자유, 재산권 보장, 농노제 폐지 등의 내용을 담고 있어요.

승승장구하던 나폴레옹은 1805년 트라팔가 해전에서 영국에 패배하고, 1812년 러시아 원정에 실패하면서 엘바 섬으로 유배당했어요. 그러나 탈출하여 다시 파리로 돌아와 황제가 되었어요. 1815년 워털루 전투에서 영국과 프로이센의 공격에 패배한 그는 불과 100일 만에 황제의 자리에서 쫓겨나 대서양의 세인트헬레나 섬에서 쓸쓸히 최후를 맞이했답니다.

볼리바르가 남아메리카를 위해 다섯 나라를 해방시켰어요

남미의 해방 (1819년)

16세기부터 약 300년 동안 라틴 아메리카는 포르투갈과 에스파냐에게 점령당해 왔어요. 지금의 브라질 지역은 포르투갈이, 나머지 대륙의 대부분은 에스파냐가 차지하여 설탕, 목화, 커피 등의 생산을 위해 원주민들의 땅을 빼앗았어요. 이후 프랑스, 영국 등 강대국들까지 쳐들어와 라틴 아메리카 사람들의 생활은 더욱 비참해져 갔어요.

당시 카리브 해의 북쪽에 있는 작은 섬, 아이티는 프랑스의 식민지였어요. 아이티 사람들은 노예가 되어 프랑스가 관리하는 사탕수수 대농장에서 일했어요. 1789년 7월 어느 날, 아이티의 노예들에게 한 가지 소식이 들렸어요.

"프랑스에서 혁명이 일어났대! 노예가 없어질지도 몰라."

프랑스는 혁명 때문에 아프리카 식민지를 관리할 여력이 차츰 줄어들었어요. 그러자 흑인 노예 출신인 투생 루베르튀르와 다른 아이티 노예들이 똘똘 뭉쳐 1804년에 흑인 노예 국가로서는 최초로 독립을 이루었어요.

19세기 초, 아이티가 독립한 뒤에 라틴 아메리카의 다른 나라에도 그 기운이 일었어요. 마침 에스파냐가 나폴레옹과 전쟁을 하면서 국력이 약해진 틈을 타 지금의 콜롬비아 지역에 독립운동이 일어났어요. 독립 전쟁을 주도한 시몬 볼리바르는 페루의 독립에도 힘을 쏟았지요. 독립운동은 멕시코에서도 이어졌어요.

멕시코의 독립을 지켜 본 라틴 아메리카 국가들은 볼리바르의 열정을 받아들여 1930년을 전후해 모든 국가가 독립을 이루었고, 사람들은 볼리바르에게 '해방자'라는 이름을 붙였어요. 페루의 일부였던 작은 나라가 독립했을 때 나라 이름을 '볼리비아'라고 지을 정도로 그의 인기는 대단했지요.

라틴 아메리카의 나라들이 유럽의 강대국으로부터 독립을 했지만 항상 평화로웠던 것은 아니었어요. 백인 지배층과 원주민, 흑인, 혼혈인 피지배층 사이의 갈등은 여전히 계속되었고, 유럽으로부터 공산품을 수입하는 등 경제적으로 유럽의 힘을 빌렸어요.

History

아편 전쟁이 일어난 뒤 중국이 근대화에 눈떴어요

중국의 근대화 운동 (19세기)

19세기에 들어서면서 영국은 청나라로부터 도자기를 비롯하여 차, 비단 등을 수입하게 되었어요. 특히 차는 인기가 대단해서 귀족과 시민들의 필수품이 될 정도였지요. 은을 주고 차를 사 오자 영국의 은이 점점 줄어들었어요.

"청나라에 은을 다 갖다 바치고 있으니 나라 살림이 거덜 날까 봐 걱정이오. 은을 다시 찾을 방법이 없을까요?"

"인도에서 만드는 아편을 청나라 사람들한테 퍼트리는 게 좋겠어요."

아편은 양귀비 열매의 즙액을 굳혀 만든 마약이에요. 처음에는 청나라 사람들에게 아편을 무료로 나누어 주다시피 했다가 약 500만 명의 사람들이 중독되자, 은을 가져와야만 아편을 팔았답니다. 이 사실을 눈치 챈 청나라는 상인들로부터 아편을 빼앗아 불태워 버리고 모든 거래를 중지시켰어요. 영국은 이 일을 트집 잡아 전쟁을 일으켰어요. 이것이 바로 '아편 전쟁'이지요.

아편 전쟁에서 진 청나라는 영국에게 줄 전쟁 배상금을 얻기 위해 농민들로부터 더욱 많은 세금을 거두었어요. 살기 힘들어진 농민들은 크리스트교를 접했던 홍수전을 중심으로 청나라를 무너뜨리고 새로운 세상을 만드는 운동을 함께했어요.

홍수전과 그를 따르던 사람들은 난징을 수도로 삼고 14년 동안 중국 영토의 절반을 차지하며 '태평천국'이라는 나라를 건국했어요. 남녀의 평등, 토지의 균등한 분배 등을 외쳐서 많은 농민들에게 지지를 받았어요. 그러나 수많은 지주들과 영국, 프랑스 군대의 연합 공격으로 태평천국은 사라졌어요.

이 모든 과정을 지켜본 청나라 관리들은 서양의 우수한 군사력에 놀랐고, 부강한 나라를 위해 서양의 과학 기술을 받아들여야 한다고 생각하여 '양무운동'을 일으켰어요. 서양식 무기 공장을 세우고, 조선·철도·제철·광산 산업을 일으키기 위해 노력했지요. 그러나 보수 세력들이 서양 문물에 반대하고, 1894년에 일본과의 전쟁에서 진 뒤에 양무운동도 실패로 끝났어요.

아편 전쟁
중국 광저우를 포위한 영국군들의 모습이에요.

History

마르크스가 전 세계 노동자를 단결시켰어요

공산당 선언 (1848년)

"고향 땅을 버리고 도시로 이사를 왔는데, 일자리도 마땅치 않고 살 집도 변변치 않네."

"그러게 말이야. 오늘도 14시간이나 일을 했다네. 그렇다고 돈을 많이 주는 것도 아니야."

"어디 그것뿐인가? 겨우 열 살된 꼬맹이들과 여자들까지 하루 종일 공장에 있으니 목숨이 살아남기나 하겠어?"

영국에서 일어난 산업 혁명이 유럽으로 퍼져 나가면서 유럽 사회는 공장

기계로 돌아가는 산업 사회로 바뀌었어요. 공장을 세운 자본가(부르주아)들이 막대한 이익을 얻을 때, 공장에서 일하는 노동자(프롤레타리아)들은 하루에 12~14시간씩 일을 하면서도 가난에서 벗어날 수 없었어요.

독일에서 태어나 프랑스 파리의 신문 기자로 일하던 칼 마르크스는 파리의 노동자들과 교류하면서 자본주의의 단점에 대해 깊이 연구하였어요.

이때 마르크스는 철학자 프리드리히 엥겔스를 만나 자본주의에 대해 함께 연구했어요. 두 사람은 자본주의가 가난한 사람을 더욱 가난하게 한다는 단점을 알고 있었고 이것을 고칠 수 있는 방법은 함께 생산하고 나누어 갖는 것, 즉 '공산'밖에 없다고 생각했지요.

당시 파리에는 '공산주의자 동맹'이라는 모임이 있었어요. 1848년에 마르크스와 엥겔스는 공동으로 그 모임에 《공산당 선언》을 만들어 주었어요. 이 책은 노동자들이 행복한 세상이 오면 귀족도, 부자도, 가난한 자도 없어질 것이라고 주장하고 있지요.

《공산당 선언》은 1848년 2월 런던에서 독일어 판이 발간된 뒤 순식간에 여러 언어로 번역되어 각국에 소개되었어요. 겨우 23쪽에 걸친 짧은 책이지만 《공산당 선언》만큼 마르크스주의를 널리 알리고 정확하게 전달한 책은 없었지요.

마르크스주의는 유럽뿐만 아니라 아시아의 식민지 국가들에게도 매우 큰 영향을 주었어요. 특히 19세기에 들어서도 중세 유럽처럼 수많은 농노들이 굶주리던 러시아에서는 레닌이 이 사상을 깊이 받아들이게 되지요.

History

화가 난 인도 사람들이 하나로 뭉쳤어요

세포이 항쟁 (1857년)

영국은 식민지였던 인도에 엄청난 양의 면화를 심게 했어요. 그 면화를 영국의 면직물 공장에서 천으로 만들면 큰돈을 벌 수 있었거든요. 당시 인도에도 많은 면직물 공장들이 있었지만 값싼 영국의 면직물이 밀려 들어오자, 값비싼 인도의 면직물은 팔리지 않았어요. 인도 사람들은 점점 가난해지고 영국은 점점 더 부자가 됐어요.

동인도 회사는 군대를 모아 인도의 작은 나라들을 하나씩 정복해 나가기 시작했어요. 동인도 회사의 병사들 가운데에는 월급을 받는 인도 병사들도 있었는데 이들을 '세포이'라고 불렀어요. 1857년 5월, 벵골 지역에 있는 세포이 병사들은 새로운 총을 지급받았어요.

"화약통에 묻은 이건, 뭐지?"

"이, 이건 돼지와 소 기름이잖아!"

인도 사람들은 주로 힌두교와 이슬람교를 믿는데, 이 종교는 각각 소고기와 돼지고기를 먹지 않아요. 그런데 화약통에 소와 돼지 기름을 묻힌 것은 인도 사람들을 모욕하는 짓과 다름없었어요.

분노한 세포이들은 영국인 장교를 없애 버리고 델리로 나아가 싸우기 시작했어요. 세포이들의 항쟁은 순식간에 인도 전역으로 퍼져 나가 농민들까지 동참하면서 전국적인 항쟁으로 발전하였어요. 항쟁은 2년 만인 1859년 7월 간신히 진압되었어요. 세포이 항쟁 이후에 영국은 경제적 이익만을 취하려고 만든 동인도 회사를 없애고 영국 국왕이 인도를 직접 다스리기로 했어요.

비록 세포이 항쟁이 실패로 끝났지만 이 일을 통해 인도 사람들은 민족의식을 키우게 되었어요. 분열되어 있던 인도가 외부의 큰 적을 만나면서 국민 의식이 생겨난 거예요. 위협을 느낀 영국은 인도의 식민지 통치를 수월하게 하고, 영국에 대한 나쁜 감정을 없애기 위해 '인도 국민 회의'를 만들어 인도 지식인들이 중심으로 활동하게끔 도왔어요.

인도 국민 회의는 영국과 잘 지내는 듯 보였으나, 영국이 인도의 벵골 지역에 종교 대립을 일으켜 민족 운동을 방해시키려는 목적으로 벵골 분할령을 발표하자 영국산 면제품을 불태우며 저항했어요. 결국 벵골 분할령은 취소되었고, 인도의 민족 운동은 더욱 강해졌답니다.

History

노예 제도를 둘러싼 남과 북의 대립

남북 전쟁
(1861~1865년)

　19세기 중반 무렵 미국의 남부 지방과 북부 지방은 지형과 지리적 차이 때문에 노동 환경이 많이 달랐어요. 대도시가 발달한 북부는 오대호(미국과 캐나다 국경 지역에 있는 다섯 개의 큰 호수) 주변에 많은 공장이 들어서며 산업이 발전했어요. 반면에 남부는 대농장에서 면화와 담배를 대규모로 재배하고 있었지요. 농사를 짓는 데에 아프리카의 흑인 노예는 중요한 노동력이었어요.

　1860년에 북부의 지지로 대통령에 당선된 링컨은 노예 해방을 주장했어요. 그러자 남부에서 노예를 거느리며 대농장을 관리하던 사람들이 크게 반대했어요.

"우리더러 농장 문을 닫으라는 소리요? 노예들이 없으면 우리 남부의 대농장들은 제대로 경영될 수가 없다오!"

남부 사람들과 달리 북부 사람들은 노예 해방을 적극적으로 찬성했어요. 남부의 노예들이 해방되어 자유롭게 취직한다면, 북부의 공장에서 일할 수 있는 노동력이 풍부해져서 임금을 낮출 수 있기 때문이었지요.

미국 연방 정부와 의견이 계속 틀어져서 남부의 7개 주가 연방을 탈퇴하고 독립 국가를 만들려고 하자 1861년에 남북 전쟁이 시작되었어요. 전쟁 초기에는 남부 연합의 힘이 더 커 보였어요. 북부 연방이 위기에 처하자 링컨 대통령은 1863년 1월 1일에 노예 제도 폐지를 선언했어요. 그러자 북부 병사들 가운데 군대에서 탈영하는 이들이 있었어요.

"노예들을 위해 피를 흘릴 수는 없다!"

병사들은 노예들을 해방시키기 위해 자신들의 목숨까지 바쳐야 한다는 것을 이해하지 못했지요. 하지만 탈영한 병사들의 자리를 대신한 것은 남부에서 탈출한 노예들이었어요. 결국 남부 연합은 게티즈버그 전투에서 크게 패배하고 1865년에 마침내 항복을 선언했어요.

남북 전쟁이 끝난 뒤 미국은 다시 한 나라가 되었고, 노예 제도는 공식적으로 사라졌어요. 하지만 남북 전쟁이 끝나고 5일 뒤, 링컨 대통령은 남부 연합 지지자들에게 암살당했고, 흑인에 대한 차별은 사라지지 않았어요. 그로부터 100년이 지난 뒤에야 흑인들도 정치에 참여할 수 있는 투표권을 가지게 되었답니다.

History

일본이 서구 세력에게 나라의 문을 열어 주었어요

메이지 유신 (1868년)

일본은 1603년부터 약 265년간 에도 막부 시대였어요. 에도는 일본의 수도인 도쿄의 옛 이름이고 막부는 덴노를 보호하는 장군을 가리켜요. 그러니까 에도 막부 시대란 에도를 중심지로 삼은 무사 정권 시대를 말해요.

당시 러시아, 영국 등이 배를 타고 일본에 와서 교류를 하려 했지만 일본은 나라 문을 걸어 잠그고 외국과 무역을 하지 않았어요. 그런데 1853년에 미국의 매튜 페리 제독이 4척의 함선을 이끌고 항구에 들어왔어요. 막부의 지도자들은 페리 제독에게 1년 후에 다시 오라며 돌려보냈어요. 그러나 어떻게든 일본을 개항시키려고 한 미국은 6개월 만인 1854년 1월, 9척의 함선을 이끌고 일본의 요코하마로 들어왔어요.

고메이 덴노는 개항을 반대했으나 미국 함선의 규모와 무기에 놀란 데다가 청나라가 아편 전쟁으로 인해 홍콩을 영국의 식민지로 만들게 된 과정을 지켜보면서 서양과 무역을 하기로 했어요. 그래서 1854년 7월 29일에 미국과 화친 조약을 맺고, 1858년에는 4곳의 항구를 더 개방하고, 치외 법권(다른 나라의 영토 안에 있으면서 그 나라의 법에 적용받지 않는 권리)을 인정하는 내용 등으로 미일 수호 통상 조약을 맺었어요. 일본은 근대화에 한 발짝 다가섰고, 미국은 아시아를 식민지로 삼겠다는 속셈을 드러낸 것이죠.

일본이 미국에 개항한 뒤로, 농민들 사이에서 봉기가 일어나고 하급 무사들이 막부를 없애고 덴노가 직접 나라를 다스려야 한다고 주장했어요. 그리하여 1868년에 막부 시대는 끝이 나고 고메이 덴노의 아들인 메이지 덴노가 통치권을 갖는 메이지 정부를 세웠어요.

메이지 덴노는 직접 나라를 다스리면서 약 25년 간 근대적인 개혁을 일구었어요. 메이지 덴노의 개혁 과정을 메이지 유신이라고 해요. 1871년에는 유학생을 선발하여 미국과 유럽 등지에 가서 서양 문물을 배워 오도록 했어요. 유학생들뿐만 아니라 교육 체계도 근대적으로 바꾸어 서구화를 자연스럽게 학습시켰어요. 그리고 봉건제를 폐지하고, 행정 구역을 개편하고, 토지와 조세 제도를 바꾸는 등 정치 체제를 적극적으로 개혁했어요.

History

비스마르크가 독일 제국을 세웠어요

철혈 재상의 독일 통일
(1871년)

1806년에 신성 로마 제국이 사라지고 오늘날의 독일, 오스트리아, 룩셈부르크 지역에는 38개의 크고 작은 나라가 독일 연방이라는 이름으로 옹기종기 모여 살았어요. 각 나라들은 다른 나라의 간섭을 받지 않고 통치하고 있었으나 오스트리아와 프로이센이 연방 국가들을 주도적으로 이끌었어요.

1815년 프로이센에서 태어난 비스마르크는 정치인이 되어 빌헬름 1세가 프로이센의 왕이 되었을 때 수상 겸 외무부 장관을 맡았어요.

"이렇게 흩어져 있으면 주변 나라들이 침략해 올 거야."

프로이센은 독일 연방끼리는 무역할 때 관세를 없애고, 물건의 양과 무게를 재는 도량형을 통일하여 경제적인 통일부터 이루어 나가기 위해 노력했어요. 1862년에 재상이 된 비스마르크는 독일 통일을 위해서는 평화적인 방법이 아니라 우수한 무기와 강력한 군대가 필요하다고 생각했어요. 의회의 반대를 무릅쓰고서라도 군비를 확장하려고 마음먹었어요.

"유럽의 강대국들을 누르고 통일을 이루기 위해서 필요한 것은 철과 피밖에 없습니다."

비스마르크는 이른바 '철혈 연설'로 의회의 마음을 돌려 '철혈 재상'이라고 불리며 즉시 군대 개혁을 실시했어요. 의회의 기능을 4년 동안 정지시키고, 국민에게는 많은 세금을 내게 했지요. 마침내 1866년 오스트리아와 프로이센은 전쟁에 돌입했고 승리를 이끌어 낸 비스마르크는 북부 지방 국가들을 모아 북독일 연방을 만들었어요.

"이번엔 프랑스다!"

프로이센이 프랑스에게서도 승리하자, 남부 독일의 연방 국가들이 북독일 연방에 합류하기 시작했어요. 독일인들은 이 두 전쟁을 통해 민족의식과 애국심을 갖게 되었지요.

비스마르크는 프로이센의 빌헬름 1세 국왕을 독일 황제로 인정해 달라고 북독일 연방을 설득했어요. 그리하여 1871년 프랑스의 베르사유 궁전에서 독일 제국의 황제로 즉위하며 강대국으로 떠올랐어요. 같은 해에 독일 제국의 새 헌법이 개정되었고, 통일의 공로자 비스마르크는 독일의 제1대 수상에 임명되었어요.

History

뉴질랜드가 세계 최초로 여성 투표권을 인정했어요

여성 참정권 (1893년)

1886년 뉴질랜드에서 '기독교 여성 금주 동맹'을 만든 케이트 셰퍼드와 동맹 회원들이 길을 나서며 외쳤어요.

"인종, 계급, 종교, 성별에 대한 차별은 사라져야 합니다. 여성들도 정치에 참여해야 합니다!"

"정치는 남성들만의 것이 아닙니다!"

이들은 세계 최초로 여성들에게도 정치에 참여할 수 있는 참정권을 달라고 주장했어요. 그러나 사람들은 이들을 비웃었고, 국회도 이들의 주장을 받아

주지 않았어요. 셰퍼드는 온갖 비웃음 속에서도 뉴질랜드 여성들의 서명을 받아 '여성 참정권 탄원서'를 제출했어요. 국회는 이들의 요구를 거절했어요. 하지만 셰퍼드는 포기하지 않고 계속해서 탄원서를 냈어요.

셰퍼드는 1893년에 뉴질랜드 여성 인구의 3분의 1에 해당하는 사람들의 서명을 받아 국회에 제출했어요. 뉴질랜드 국회는 어쩔 수 없이 여성들도 선거에 투표할 수 있는 선거권을 인정하였어요. 그리고 1919년에는 선거에 후보로 나가 투표를 받을 수 있는 피선거권도 인정하여, 1933년에 첫 여성 국회 의원이 나왔어요.

지금으로부터 약 100년 전만 해도 여성들은 선거에 나갈 수도, 투표를 할 수도 없었어요. 오로지 남성들만 정치 활동을 했지요. 그러나 1918년, 제1차 세계 대전이 끝나고서 상황이 달라졌어요. 남성들이 전쟁터로 나간 뒤 여성들이 공장에서 무기를 만들며 남자 못지않게 일을 해냈기 때문이지요.

여성들은 시위와 운동을 통해 참정권을 요구했어요. 연설을 하거나 단식 농성을 하기도 했어요. 미국과 유럽뿐만 아니라 세계 곳곳에서 여성의 참정권을 요구하는 목소리가 높아 갔고 인정하는 나라가 하나둘 생겨났어요.

영국은 1918년에 세금을 많이 내거나 공부를 많이 한 30세 이상의 일부 여성에게 투표권을 인정하고, 1928년에는 21세 이상의 모든 여성에게 선거권을 주기로 결정했어요. 1919년에는 독일과 미국이 여성의 선거권을 법적으로 인정하였고, 오스트리아도 여성들의 참정권을 인정했어요.

아시아와 아프리카 여성들은 제2차 세계 대전 후에 독립과 민주주의가 이루어지면서 참정권을 얻을 수 있었어요. 식민지 민족 해방 운동에 남성들과 동등하게 적극적으로 참여하여 얻은 결과였지요.

History

섬나라 일본이 거대한 청나라를 이겼어요

청일 전쟁 (1894~1985년)

　메이지 유신을 성공시킨 일본은 근대화를 이루며 식민지를 개척하는 제국주의 국가가 되었어요. 일본은 조선을 비롯해 아시아 각국을 식민지로 삼을 생각이었어요. 중국 청나라 또한 일본과 같은 마음이어서 두 나라는 부딪힐 수밖에 없었어요.

　일본은 아시아 대륙을 지배하기 위한 발판으로 조선을 침략하기로 했어요. 1876년에 조선과 강제로 강화도 조약을 맺어 항구를 개방해 무역을 했어요. 이를 지켜본 청나라는 일본이 조선에 영향을 끼치는 것을 막으려 했어요.

1882년에 조선에서 군인들이 반란을 일으키자 청나라는 군사들을 보내 조선 조정을 도와주며 주도권을 잡았어요. 그리고 2년 뒤에 일본의 지원을 받은 조선의 개화파가 갑신정변을 일으키자, 이를 3일 만에 진압했어요.

"이러다간 조선을 청나라에 뺏기겠어!"

일본은 1885년에 청나라와 톈진 조약을 맺어, 두 나라 가운데 누구라도 먼저 군대를 조선에 보내면 다른 나라도 군대를 보내기로 약속했어요. 그로부터 9년 뒤, 1894년에 조선에서 동학 농민 운동이 일어났어요. 조선 조정은 순식간에 전주를 점령한 농민군에게 위기를 느껴 청나라에 지원을 요청했어요. 청나라가 군사를 조선에 보내자 일본도 톈진 조약에 근거하여 조선에 군사를 보내어 한양의 사대문과 궁궐을 장악했어요.

그리고 일본군은 조선 조정의 요청을 받은 것처럼 속여 아산만에 주둔하고 있던 청나라 군대를 공격하기 시작했어요. 1894년 8월 1일, 일본이 청나라에 선전 포고를 하며 청일 전쟁이 일어나게 되었어요.

아산만에서 청나라를 크게 이긴 일본은 평양과 압록강 어귀에서 벌어진 전투에서도 승리한 뒤 청나라 랴오둥 반도의 뤼순을 함락시켰어요. 청나라와의 전쟁에서 승리한 일본은 청나라와 시모노세키 조약을 맺어 랴오둥 반도와 타이완을 넘겨받았어요. 일본은 중국이 거머쥐고 있던 아시아의 주도권을 뺏어와 조선 및 다른 나라를 한층 더 강하게 침략할 수 있었어요.

아프리카에서 영국과 프랑스가 충돌했어요

아프리카의 분할
(1898년)

17세기 중반부터 아프리카 남부 지역에 정착한 네덜란드 사람들은 자신들의 식민지를 '케이프'라고 부르고, 그곳에서 살던 코이산 족을 노예로 삼았어요. 19세기에 이르러 무역 활동을 활발히 펼치면서 식민지를 건설했던 영국도 아프리카 남부 지역에 관심을 가졌어요. 그리고 그곳을 영국의 식민지로 만들어 버렸어요. 영국은 케이프에 살던 네덜란드 사람들을 '보어 인'이라고 불렀어요. 네덜란드 말로 '농부'라는 뜻이었지요.

"케이프에 사는 모든 흑인 노예들을 풀어 주겠다."

영국의 결정에 보어 인들이 분노했어요. 자신들의 노예를 마음대로 풀어 주다니, 참을 수 없었지요. 보어 인은 케이프를 버리고 북쪽으로 올라가 그곳에 '오렌지 자유주'와 '트란스발'이라는 식민지를 건설했어요.

오렌지 강 기슭에서 다이아몬드가, 트란스발에서 엄청난 양의 금이 발견되자 영국은 이곳이 너무 탐났어요. 결국 영국군은 트란스발을 침공했고 이 전쟁을 '보어 전쟁'이라고 해요. 보어 전쟁에서 영국군은 보어 인들을 강제 수용소에 가두고 굶겨 죽이는 등 학살하였어요. 결국 보어 군은 항복하였고 승리한 영국은 남아프리카의 모든 식민지를 합쳐, '남아프리카 연방'을 세웠어요.

보어 전쟁이 한창일 때, 영국은 아프리카 땅을 놓고 프랑스와 밀고 당기는 중이었어요. 1898년 가을, 수단 남쪽 파쇼다에서 영국과 프랑스 군대가 마주쳤어요. 파쇼다를 먼저 차지한 나라는 프랑스였어요. 당시 프랑스는 아프리카 서쪽의 알제리에서 사하라 사막을 거쳐 동해안의 마다가스카르까지 연결하여 식민지를 차지하려는 횡단 정책을 계획하고 있었거든요.

반면에 영국은 이집트와 남아프리카 연방을 연결해 아프리카 대륙의 남북을 연결하는 종단 정책을 계획했어요. 결국 프랑스가 한발 물러서면서 전쟁의 위기를 넘겼어요. 영국의 도움으로 독일에 잡혀 간 인질을 되찾은 프랑스가 파쇼다에서 물러서기로 했던 거예요.

이 무렵, 유럽이 아프리카 대륙에서 얻은 식민지 크기는 어마어마했어요. 영국은 자기 땅의 32배, 프랑스는 20배나 되는 땅을 차지했지요. 1억 9,000만 명의 아프리카가 인구 400만 명의 유럽에게 지배당했던 거예요. 1900년에 이르러 아프리카는 에티오피아와 라이베리아를 제외하고는 모조리 식민지가 되는 고통을 겪어야 했어요.

5장
분열과 혼돈, 그리고 평화

20세기 ~ 지금

신해혁명

제1차 세계 대전

러시아 혁명

민족 자결주의

세계 대공황

단디 행진

전체주의

제2차 세계 대전의 발발

제2차 세계 대전의 결말

국제 연합

이스라엘 건국

중화 인민 공화국 수립

미소 냉전 시대

쿠바 혁명

아프리카의 독립

베트남 전쟁

독일의 통일

소련의 해체

9·11 테러

핵무기는 안 돼요. ㅠㅠ

평화를 사랑해요 ♡

History

중국에 동아시아 최초의 민주 공화국이 세워졌어요

신해혁명 (1911년)

"청나라 조정을 도와 서양 세력을 물리칩시다!"

"만주족, 한족 구분 없이 나라를 위해 무조건 힘을 모읍시다!"

청나라가 양무운동과 변법자강 운동을 실패하고, 청일 전쟁마저 패배하자 청나라 백성들은 서양 세력을 몰아내기 위한 새로운 방법을 찾았어요. 청나라 조정만 믿고 있을 수 없어 '의화단'이라는 조직을 만들어 1899년에 산둥 지역에서 의화단 운동을 시작했어요.

의화단은 오랑캐라고 무시하던 만주족들과 뜻을 모아 크리스트교와 서양과 관련된 모든 것들을 거부하였어요. 교회를 불태우고, 철로를 뜯어내고, 전봇대를 뽑아 버렸어요. 그러자 영국, 프랑스, 미국, 일본, 독일 등 8개국 군대가 베이징을 공격하여 의화단을 무너뜨렸어요. 이후 청나라는 엄청난 배상금을 물어야 했고, 외국 군대가 베이징에 머무르게 되었어요.

의사였던 쑨원은 이런 상황 속에서 무너져 가는 나라를 구해야겠다고 다짐했어요. 청나라 곳곳에 퍼져 있는 혁명 조직을 하나로 묶는 데에 평생을 바치며 혁명 운동을 이끌었지요. 사람들은 그를 '중국 혁명의 아버지'라고 불렀어요. 쑨원은 자신이 만든 혁명 단체의 기관지 《민보》에 삼민주의(민족주의, 민권주의, 민생주의)를 주장하며 이를 바탕으로 혁명을 이루고자 했지요.

1911년 10월 10일, 청나라가 철도를 외국의 손에 넘기려 하자, 청나라 정부에 화가 난 군인들이 혁명파와 손잡고 봉기를 일으켰어요. 전국으로 봉기가 번지며 혁명파들은 새로운 정부가 세워지길 바랐어요. 그리고 1912년에 쑨원을 임시 대총통으로 하는 중화민국이 세워졌지요. 이것이 바로 신해혁명이랍니다. 아시아 최초로 민주 공화국이 세워진 거예요.

그러나 아직 혁명이 완성된 것은 아니었어요. 이들은 난징에 도읍을 정했지만 베이징에는 여전히 청나라 정부가 있었거든요. 청나라 정부는 혁명파를 없애기 위해 위안스카이에게 모든 권력을 넘겨준 상태였어요. 쑨원은 위안스카이에게 공화정(투표를 통해서 대통령이나 국가 지도자를 뽑는 정치 체제)을 세우는 데 찬성만 한다면 대총통의 자리를 내주겠다고 제안했어요. 위안스카이는 이 제안을 받아들였고, 그의 도움으로 청나라를 무너뜨릴 수 있었어요. 그러나 위안스카이는 권력을 잡자 공화정을 하겠다는 약속을 어기고 황제의 자리에 올랐어요.

History

유럽의 제국주의 국가들이 전쟁으로 맞붙었어요

제1차 세계 대전 (1914년)

　20세기에 접어든 뒤에 제국주의 국가들은 더 이상 차지할 땅이 없었어요. 다른 나라의 식민지를 빼앗자니 전쟁이 일어날 게 불 보듯 뻔했지요. 독일은 통일을 한 뒤 유럽의 다른 강대국들처럼 더 많은 식민지를 가지길 원했어요. 그나마 발칸 반도를 차지하면 서남아시아까지 세력을 뻗칠 수 있을 거라 생각했지요. 하지만 당시 넓은 식민지를 거느리며 큰 힘을 자랑하던 영국이 문제였어요. 독일은 오스트리아, 이탈리아와 '삼국 동맹'을 맺어 영국에 맞설 힘을 키워 갔어요.

독일의 움직임에 위기를 느낀 영국도 프랑스, 러시아와 '삼국 협상'을 맺었어요. 이제 유럽은 삼국 동맹과 삼국 협상의 두 세력으로 나뉘어 팽팽히 맞서게 되었지요. 한편, 러시아는 독일에 맞서 슬라브 민족이 세계를 지배해야 한다고 주장했어요. 유럽의 여러 슬라브 민족을 공통된 정치, 문화를 바탕으로 결집시키려는 것이었지요.

이 무렵 발칸 반도의 세르비아 인들은 흩어져 있던 슬라브 족을 모아 하나의 큰 나라를 만들고 싶어 했어요. 특히 보스니아 땅에 눈독을 들이고 있었지요. 러시아는 같은 슬라브 민족인 세르비아를 도와주었어요. 그런데 오스트리아가 먼저 보스니아 영토를 차지해 버리자 세르비아 인들과 러시아는 크게 분노했지요.

1914년 6월 28일, 오스트리아 황태자 부부가 보스니아의 수도 사라예보에 찾아왔다가 세르비아 청년의 총에 암살당하는 비극이 벌어졌어요. 분노한 오스트리아는 세르비아에 전쟁을 선포했고, 세르비아를 도와주던 러시아가 전쟁에 참여하게 되었지요. 독일이 오스트리아를 도와 전쟁을 선언하자, 유럽은 삼국 동맹(독일, 오스트리아, 이탈리아)과 삼국 협상(영국, 프랑스, 러시아)이 모두 참여하는 제1차 세계 대전의 소용돌이에 휩싸이게 되었어요.

전쟁 초반에는 독일이 승리하는 듯했어요. 그러나 전쟁이 오래 지속되면서 식량과 물자가 부족해졌어요. 독일은 영국, 프랑스, 러시아의 편에 서서 도와주는 나라들까지 협박했어요. 이들 나라로 향하는 배는 무조건 침몰시키기로 했어요. 이 과정에서 미국의 배가 침몰하여 100여 명이 죽자, 미국은 곧바로 전쟁에 참여했어요. 결국 1918년에 동맹국과 독일이 항복하여 제1차 세계 대전은 연합국의 승리로 막을 내렸어요.

History

세계 최초의 사회주의 국가가 탄생했어요

러시아 혁명 (1917년)

19세기, 유럽에 자본주의가 발달하고 시민들이 자유와 평등을 외치며 빠르게 변화하고 있을 때 러시아는 여전히 봉건 제도 아래 농노들이 가난에 고통받고 있었어요. 러시아는 1905년에 일본과의 전쟁에서 진 뒤로 경제가 더 어려워졌어요. 그러자 1905년 1월, 약 10만 명의 노동자들이 빵과 평화를 달라며 궁전으로 달려갔어요. 그러나 그들을 기다린 건 군대의 총탄이었어요. 큰 충격을 받은 노동자들은 더 이상 황제와 정부를 믿지 않게 되었고, 이것이 러시아 혁명의 불씨가 되었지요.

제1차 세계 대전이 일어나자, 러시아 황제는 600만 명이 넘는 병사를 파견했어요. 러시아 사람들은 어려운 나라 사정을 생각하지 않고, 외국으로 군대를 보낸다는 사실에 더욱 분노했어요.

"빵을 달라! 차르(러시아 황제의 칭호)를 타도하자! 전쟁을 반대한다!"

병사들까지 노동자, 농민 시위대와 함께하는 것을 본 러시아 황제는 자리에서 물러나고, 러시아 공화국 임시 정부가 들어섰어요. 그러나 임시 정부는 사람들의 기대와 달리 토지 문제를 해결하지 않고, 전쟁도 계속하려 했어요.

이때, 마르크스의 공산주의에 깊이 공감하고 있던 레닌과 그를 따르는 사람들이 공산당을 만들었어요. 레닌은 2,500명이 넘는 농민과 노동자, 병사 들과 함께 러시아 정부가 있는 상트페테르부르크로 몰려갔어요. 레닌은 임시 정부를 몰아내고 더 이상 전쟁에 참여하지 않겠다고 선언했지요. 그리고 노동자와 농민이 주인이 되는 새 나라를 만들겠다고 주장했어요. 1917년 11월에 세계 최초로 노동자와 농민의 정부를 내세운 사회주의 국가가 탄생한 거예요.

가난한 러시아를 살리기 위해 레닌은 공산화의 속도를 늦추고 신경제 정책을 실시했어요. 원래 공산주의는 개인의 재산을 인정하지 않고 나라에서 모든 회사와 기업을 관리하는 국유화를 원칙으로 하지요. 하지만 레닌은 개인 기업을 허용하고, 유럽의 자본과 기술을 부분적으로 받아들였어요. 이후 수도를 모스크바로 옮기고, 러시아 소비에트 사회주의 공화국을 중심으로 15개 공화국이 모여 '소비에트 사회주의 공화국 연방(소련)'을 수립했어요.

혁명을 성공시킨 레닌은 이후 약 5년 동안 혁명의 지도자로서 새로운 나라를 만들기 위해 노력하다 1924년에 세상을 떠났어요.

History

우리 민족의 운명은 스스로 결정한다고요?

민족 자결주의 (1919년)

1919년 1월에 프랑스 파리에서 제1차 세계 대전의 승전국(전쟁에서 이긴 나라) 대표들이 모였어요. 영국, 프랑스, 미국 등의 승전국은 패전국(전쟁에서 진 나라)을 압박하여 다시는 전쟁을 일으키지 못하게 하겠다는 의도였어요. 이때 이루어진 회의를 파리 강화 회의라고 해요.

미국 대표로 나온 윌슨 대통령도 한마디 거들었어요. 1918년에 자신이 미국 의회에 발표했던 〈14개조 평화 원칙〉을 가지고 말이에요.

"여러분! 민족의 운명은 그 민족 스스로가 결정해야 합니다!"

월슨 대통령이 내세운 〈14개조 평화 원칙〉 가운데 민족 자결주의에 대한 내용이 있어요. 민족 자결주의란 각 민족이 스스로의 의지에 따라서 정치적 운명을 결정해야 하며, 다른 나라의 간섭을 받지 말아야 한다는 사상이에요.

1919년 6월에 파리 강화 회의에서 나온 의견들을 바탕으로 승전국인 영국, 프랑스, 미국 등 연합국과 패전국 독일 사이에 베르사유 조약이 이루어졌어요. 이 조약에서 독일은 식민지와 해외의 모든 권리를 포기하고, 프랑스와 독일 사이에 위치한 알자스와 로렌에 대한 지배권을 프랑스에 넘겨주고, 막대한 전쟁 배상금을 지불하는 등 요구를 받았어요. 독일을 도왔던 오스트리아와 오스만 제국도 불이익을 받기는 마찬가지였어요.

파리 강화 회의에서 윌슨이 내세웠던 민족 자결주의 원칙은 독일과 오스트리아 등 패전국의 식민지에만 적용되었던 거예요. 영국과 프랑스 등 승전국의 식민지들은 여전히 지배를 받고 있었어요. 결국 민족 자결주의는 승전국이 패전국의 힘을 약화시키기 위해 이용한 것일 뿐, 결코 식민지의 국민들을 위한 사상이 아니었지요.

민족 자결주의와 베르사유 조약에 의해 독일은 영토의 일부와 식민지를 포기해야 했고, 군사 수를 제한받았으며, 막대한 전쟁 배상금까지 내야 했어요. 패전국이 갚아야 할 전쟁의 대가라고 하더라도 불합리한 조항들이 많았지요.

베르사유 조약
베르사유 궁의 거울의 방에서 조약을 체결하는 모습이에요. 탁자 가운데 고개를 숙인 채 서명하는 사람이 독일 대표예요.

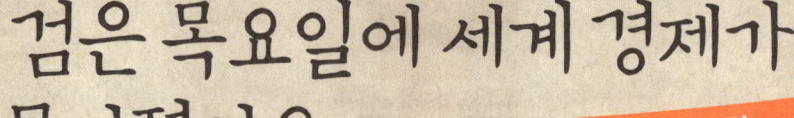

검은 목요일에 세계 경제가 무너졌어요

세계 대공황 (1929년)

1929년 10월 24일 목요일 아침이었어요. 미국 뉴욕의 월 가(은행과 증권 거래소가 모여 있는 곳)의 증권 거래소는 사람들로 북새통을 이루었어요.

"주식이 더 떨어지기 전에 팔아야겠어."

"아우, 진즉에 팔걸. 내 주식이 휴지 조각이 되어 버렸어!"

증권 거래소는 주식을 팔려고 나온 사람들로 아수라장이었어요. 평범한 회사원부터 기름때가 묻은 노동자 등 다양한 사람들이 몰려 왔어요. 이 사람들은 어쩌다 주식을 몽땅 휴지 조각으로 날려 버리게 되었을까요?

제1차 세계 대전이 끝나고 1920년대에 미국에서는 많은 공장과 회사 들이 돈을 크게 벌었어요. 회사의 권리를 사고파는 주식 시장도 점점 커졌고, 월 가는 주식을 거래하려는 사람들로 날마다 붐볐지요.

그런데 공장과 회사가 너무 많이 생기자 경쟁이 심해졌어요. 주식을 팔려고 내놓아도 잘 팔리지 않고, 오히려 팔려는 사람이 더 늘어났어요. 그러자 주식 값이 점점 떨어지기 시작했어요. 그리고 목요일 아침, 주식 시장이 무너졌고 그날을 '검은 목요일'이라고 불렀어요.

회사와 공장이 문을 닫아 실업자가 거리에 넘쳐 났어요. 5,000여 개의 은행이 문을 닫아 수백만 명의 통장이 쓰레기가 되었고, 상점과 공장에는 팔리지 않는 물건들이 잔뜩 쌓였어요. 미국에서 시작된 경제 위기는 독일, 프랑스, 영국 등 유럽으로 퍼져 나갔어요. 1930년대 미국과 유럽 등 자본주의 국가에서 일어난 경제 혼란을 세계 대공황이라고 불러요.

당시 미국의 대통령이던 루스벨트는 '뉴딜 정책'을 제시했어요. 정부가 직접 나서서 직장을 잃고 굶주린 사람들에게 일자리를 마련해 주고, 산업을 개혁하겠다는 것이었지요.

먼저 대규모 댐을 건설하고 도로, 다리, 공항 등도 건설하여 엄청난 일자리를 만들었지요. 또한 농업 생산량을 조절하고, 남아도는 농산물을 정부가 사들여 농민들을 보호했어요. 노동자도 단체를 만들어 자신의 권리를 지킬 수 있도록 해 주었고, 최저 임금 제도를 도입해 노동자의 소득을 안정시켰어요. 또 일주일에 40시간 이상 일하지 않는 것을 원칙으로 정했지요.

미국 경제는 대공황의 늪에서 조금씩 빠져나올 수 있었고, 이후 세계 여러 나라의 정부가 미국처럼 경제 문제에 개입하기 시작했어요.

History

영국에 맞선 간디의 비폭력·불복종 운동

단디 행진 (1930년)

제1차 세계 대전이 일어났을 때 인도는 영국의 식민지였어요. 인도인들은 영국의 지배로부터 벗어날 수 있다는 희망을 품고 전쟁에 참가해 영국을 도와주었어요. 그러나 전쟁이 끝나고 돌아온 건 롤래트 법이라는 악법이었어요. 영국을 비판하거나 인도인의 권리를 주장하는 사람을 체포하고 재판 없이 감옥에 가두도록 했어요.

인도 국민 회의의 지도자였던 간디는 영국의 횡포를 가만히 보고 있을 수는 없어 1920년에 스와데시 운동(영국 제품을 사지 말고, 국산품을 애용하자는 운동)을 일으켰어요.

"우리는 영국의 지배로부터 벗어나야 합니다! 인도는 인도인들이 다스려야 합니다! 영국 물건을 사지 말고, 아이들에게는 우리 인도의 전통이 살아 있는 교육을 가르칩시다!"

이후 영국의 면직물을 사지 않고 직접 물레를 돌려 손으로 옷감을 짜는 카디 운동이 인도 곳곳에서 펼쳐졌지요. 당시 영국은 인도의 소금 생산을 금지시키고, 수입산 소금에 50%의 높은 세금을 매겨 팔고 있었어요. 가난한 농민들은 소금조차 제대로 먹을 수 없었지요.

"여러분! 비싼 소금세를 내지 말고, 우리가 직접 소금을 만듭시다."

소금세를 없애기 위해 간디는 1930년 3월 12일 인도 서부 아메다바드 시에서 386km 떨어진 서부 해안가 단디까지 행진을 시작했어요. 출발할 때 간디와 그를 따르던 사람은 78명이었는데, 3주 만에 단디에 도착했을 때 수만 명의 사람들이 함께해 주었어요. 주변에는 경찰들이 지키고 있었지만 간디는 바닷물을 주전자에 담았어요. 다음 날, 주전자 안에 있던 바닷물은 소금으로 변해 있었지요.

"우리 땅에서 이렇게 소금이 나오는데, 영국의 소금을 사 먹어야 할 이유가 어디 있나요?"

간디는 소금법을 어겼다는 이유로 체포되었고, 약 6만 명의 인도인이 감옥에 갇혔어요. 결국 소금세는 1931년에 없어졌지요.

단디 행진을 비롯해 간디가 일으킨 인도의 독립운동은 비폭력·불복종 운동으로 전개되었어요. 이후에 인도는 제2차 세계 대전이 끝난 후, 1947년 8월 15일 독립을 이루었어요.

History

독일, 이탈리아, 일본에 불어 닥친 핏빛 바람

전체주의 (1930년대)

제1차 세계 대전이 끝난 뒤 유럽은 폐허가 된 나라를 복구하기 위해 미국에게 많은 돈을 빌렸어요. 그런데 대공황이 불어닥친 미국이 빌려 주었던 돈을 다시 가져가자 유럽의 은행들은 파산하게 되었고 전 세계가 한순간에 경제 공황의 늪에 빠지게 되었어요.

영국과 프랑스는 돈이 없는 국민들이 사지 못해 남아도는 물건들을 식민지에 팔았어요. 하지만 독일은 엄청난 전쟁 배상금을 갚느라 허덕이고 있었어요. 전쟁 때문에 폐허가 된 독일에는 물건을 만들어 낼 공장도, 어떤 시설도

남아 있지 않았어요. 물건이 있더라도 가난한 독일 국민들은 살 형편도 못 되었어요. 독일은 경제적인 어려움에서 빠져나올 수가 없었어요.

독일의 히틀러는 제1차 세계 대전이 끝나자 나치당(국가 사회주의 독일 노동자당)에 들어가 1921년에 우두머리가 되었어요. 히틀러는 독일 국민들에게 약속했어요.

"일자리를 만들고 무너진 경제를 살리겠습니다. 우리에게 터무니없이 많은 전쟁 빚을 안기게 한 자들이 누구입니까? 더 이상 전쟁 빚을 갚지 않도록 베르사유 조약을 깨고 독일을 강한 나라로 만들겠습니다!"

1933년에 히틀러가 독일을 집권하고서 경제가 조금씩 되살아나고 실업자 수도 줄었어요. 하지만 히틀러는 자신의 자리를 계속 지키며 독재를 하기 위해 비밀 국가 경찰을 만들어 국민을 감시하고 자신의 정권에 맞서는 자들이 있으면 탄압하거나 죽이는 등 공포 분위기로 몰아갔어요. 또 유대 인, 집시, 장애인 등은 따로 떨어져 살게 하거나 없애야 한다고 믿었어요. 다른 나라의 침략을 대비하기 위해 군사 시설을 강화시키고, 베르사유 조약을 깨뜨려 오스트리아를 독일에 합병시켰어요.

독일뿐만 아니라 이 시기에 이탈리아와 일본에서도 나라를 이끄는 지도자들이 독재 정치를 일삼았어요. 국민들에게 개인이 희생을 해서라도 국가와 민족의 전체 이익을 더 중요하게 여기도록 강요하며 지도자에게 복종할 것을 강조했어요. 이런 사상을 전체주의라고 해요.

History

전 세계를 뒤흔든 전쟁의 시작

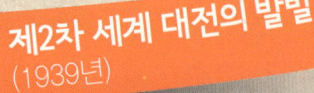
제2차 세계 대전의 발발
(1939년)

독일의 히틀러는 이탈리아에 전체주의 사상을 가진 파시스트 정권이 세워지도록 힘을 썼어요. 그리고 얼마 뒤에는 일본과 동맹을 맺었지요. 중국을 짓밟고 떠오르는 일본이라는 나라가 히틀러 눈에는 꼭 필요한 존재로 보였어요. 이로써 독일, 이탈리아, 일본 세 나라는 군사적인 문제가 일어났을 때 서로 돕기로 약속했어요.

독일의 히틀러는 오스트리아와 체코슬로바키아를 합병시켰어요. 이 정도로 만족하지 않고 폴란드를 차지하기로 했어요. 히틀러는 독일의 외무 장관을 비밀리에 소련으로 보내어 소련의 지도자인 스탈린과 협상을 하도록 했어요.

"우리는 폴란드를 차지할 생각입니다. 우리 독일군이 폴란드를 공격할 때 소련이 모르는 척 해 준다면 폴란드 땅을 나누어 주겠습니다. 폴란드의 서쪽은 우리가, 동쪽은 소련이 가지시오."

독일의 제안을 스탈린은 선뜻 받아들였어요. 스탈린은 독일과 소련이 서로 공격하지 않고 사이좋게 폴란드 땅을 나눠 가질 생각이었지요.

1939년 9월 새벽 6시, 폴란드의 수도 바르샤바 하늘에서 독일 폭격기들이 요란한 소리를 내며 공격했어요. 제2차 세계 대전이 시작되는 순간이었어요. 독일이 전쟁을 일으킨 지 이틀 뒤에 영국과 프랑스가 독일에 맞서 전쟁을 시작했어요. 연합국들의 공격에도 불구하고 독일은 네덜란드, 벨기에를 점령하고 프랑스까지 쳐들어갔어요. 독일은 뛰어난 전술로 프랑스 땅의 절반 이상을 손에 쥐었어요.

유럽의 대부분을 차지한 독일은 1941년에 소련까지 침공했어요. 독일과 소련은 서로 침략하지 않기로 약속을 해 놓고서 독일이 약속을 깨 버린 것이었어요. 이때 미국이 연합국으로서 전쟁에 힘을 보태자, 소련도 동맹국과 힘을 모아 독일을 공격하기로 했어요.

이 무렵 일본은 중일 전쟁을 일으키고 자원이 풍부한 동남아시아로 식민지를 넓히고 인도차이나 반도를 점령하고 있었어요. 그러자 미국이 영국, 중국, 네덜란드와 함께 일본의 무역 활동을 방해하면서 경제를 어렵게 만들려 했어요. 이에 앙심을 품은 일본이 1941년 12월 7일에 미국 하와이의 진주만을 기습 공격하면서 전쟁은 더욱 심각해져 갔어요.

History

두 번 다시 일어나지 말아야 할 전쟁

제2차 세계 대전의 결말
(1945년)

1941년 여름부터 연합국은 반격하기 시작했어요. 일본이 진주만을 공격하여 태평양 전쟁을 일으켰으나 미국은 미드웨이 해전에서 일본을 크게 물리쳤고 소련은 스탈린그라드에서 독일에게 대승을 거두었지요. 영국도 아프리카에서 독일을 물리쳤답니다. 또한 연합국의 군대는 이탈리아 남쪽에 있는 시칠리아 섬에 상륙하면서 파시스트 정권을 무너뜨렸어요.

이제 연합국에게 가장 중요한 일은 독일로부터 프랑스를 되찾는 일이었어요. 1944년 6월, 미국의 아이젠하워 장군이 총지휘한 노르망디 상륙 작전의 성공으로 마침내 파리를 되찾은 연합국은 전쟁에서 확실한 우위를 차지하게 되었지요.

　연합국이 독일의 수도 베를린을 점령하면서 독일은 무조건 항복을 선언했어요. 이후에도 일본이 끝까지 저항하자 미국은 히로시마와 나가사키에 원자 폭탄을 떨어뜨렸어요. 일본은 무조건 항복하게 되었고 1945년 8월에 드디어 인류 역사상 가장 큰 전쟁은 막을 내리게 되었지요.

　제2차 세계 대전은 가장 많은 사망자를 낸 전쟁으로 2,400만 명이 넘는 군인들이 목숨을 잃었어요. 그러나 군인들보다 더 많은 수의 민간인들이 목숨을 잃었어요. 거기에는 강제로 죽임을 당한 사람들도 많았어요.

　그 가운데 인종 차별 정책을 펼치던 독일은 유대 인종을 없애기 위해 거리낌 없이 잔인한 짓을 했어요. 유대 인들을 수용소에 가두어 일을 시키고, 힘이 빠지면 독가스실에서 죽였어요. 일본은 중국 난징에서 30만 명이 넘는 중국 사람들을 죽였고, 미국이 떨어뜨린 원자 폭탄 때문에 18만 명이나 목숨을 잃었어요. 또한 연합국의 군대가 독일을 공격했을 때도 군인도 아닌 일반 독일 사람들이 많이 죽었어요.

독일의 나치 수용소에 갇힌 아이들
제2차 세계 대전이 한창일 때 독일은 유대 인들을 수용소에 가두고 고문했어요.

History

세계 전쟁 뒤 평화를 위한 국제기구가 생겼어요

국제 연합 (1945년)

제2차 세계 대전 중에 연합국들은 전쟁이 끝난 뒤에 국제 평화와 안전을 유지하기 위한 국제기구가 필요하다고 생각했어요. 1942년 1월 1일에 26개 연합국이 미국 워싱턴에 모여 '연합국 선언'에 서명했어요. 국제 연합 창설을 위한 연합국의 공동 노력을 알리겠다는 의도였어요. 또 루스벨트 미국 대통령이 제안한 '국제 연합(유엔, United Nations)'이라는 용어를 최초로 사용하기도 했지요.

1945년 10월 24일 미국, 영국, 프랑스, 소련, 중화민국 등이 참여한 가운데 국제 연합이 공식적으로 만들어졌어요. 그리고 1946년 1월 런던에서 제1차 국제 연합 총회가 열렸고 51개국이 참석했어요. 초기에는 미국과 소련, 두 나라가 갈등을 보이는 탓에 국제 연합의 주요 기능이 제대로 발휘되지 못했었어요.

국제 연합은 회원국 간의 평화와 안전을 유지하기 위해 만들어진 기구예요. 국가 간에 전쟁을 일으키지 않고 잘 지내며 어려운 일이 일어나면 서로 도와줘요. 경제적·사회적·인도적 문제에서 국제적 협력을 이끌어 내고 인종, 성, 언어 또는 종교에 따른 차별 없이 인권과 기본적 자유를 존중한답니다.

주요 기구는 총회를 비롯해 안전 보장 이사회, 경제 사회 이사회, 신탁 통치 이사회, 국제 사법 재판소, 사무국 등 6개이고 주요 기구 산하에는 국제 연합 환경 계획(UNEP), 국제 연합 아동 기금(UNICEF), 세계 식량 계획(WFP), 평화 유지 활동(PKO) 등 많은 보조 기구가 있어요.

현재 국제 연합 회원국은 193개국이에요. 가장 중요한 활동은 세계 대전과 같은 대규모 전쟁을 방지하고 국지적 분쟁을 조정하는 평화 유지 활동이에요. 1964년 키프로스, 1978년 레바논 등에서 내전이 일어났을 때 유엔 평화 유지군이 공격을 방어하고 나라가 안정을 되찾도록 도왔어요.

지금도 민족 간의 분쟁이 일어나거나 정치 상황이 불안정하여 범죄나 분쟁이 일어나는 지역에 유엔 평화 유지군이 파견되어 있어요. 유엔 평화 유지군은 분쟁 중재 및 전쟁 재발 방지 노력을 인정받아 1998년에 노벨 평화상을 받기도 했답니다.

History

이스라엘과 팔레스타인이 땅 때문에 다투었어요

이스라엘 건국 (1948년)

　1948년 5월에 이스라엘이 세워지면서 아랍 인과 유대 인이 팽팽하게 맞섰어요. 나라 없이 전 세계에 흩어져 살던 유대 인들이 이스라엘을 건국한 곳은 '팔레스타인 지역'이었어요.

　팔레스타인 지역은 이슬람 세력이 쭉 이어 오다가 1517년에 오스만 제국이 들어섰던 곳이지요. 오스만 제국은 이슬람교를 믿는 나라였지만 유대 인들을 크게 핍박하지 않았어요. 그러자 유대 인들이 하나둘 옮겨 와서 살기 시작했고, 19세기에 들어서 많은 유대 인들이 이주하여 1500년대에 5,000여 명에 불과하던 인구가 1914년 제1차 세계 대전 때에는 8만 5,000여 명에 이를 정도로 증가했어요.

제1차 세계 대전의 패배로 오스만 제국이 해체된 뒤 승전국 가운데 하나였던 영국이 1917년에 국제 연합으로부터 팔레스타인 지역에 대한 통치권을 위임받게 되었어요. 같은 해 11월 2일에 영국의 외무 장관 밸푸어가 팔레스타인 지역을 어떻게 할지에 대해 선언을 했어요.

"우리는 팔레스타인에 유대 인을 위한 민족 국가를 수립하는 것을 동의합니다."

밸푸어의 선언으로 더 많은 유대 인들이 팔레스타인 지역으로 이주하였어요. 아랍 인들은 거세게 반대했지만 미국과 프랑스, 이탈리아 등은 밸푸어의 선언을 지지했어요. 결국 1920년에 유대 인들은 팔레스타인에 민족 국가를 세울 수 있게 되었어요.

1930년대에는 독일 나치당의 박해를 피해 더욱 많은 유대 인들이 팔레스타인으로 이주했어요. 그러자 이전부터 이곳에서 살고 있었던 아랍 인과 유대 인 사이에 땅의 소유와 성지 관리 등을 둘러싼 갈등이 매우 심각해졌어요.

불안정한 상황 속에서도 유대 인들은 노동 조합을 결성하여 농토를 개간하는 등 정치·사회·경제적 기반을 쌓아 갔어요. 그리고 영국의 위임 통치가 끝난 1948년 5월 14일에 이스라엘 건국을 선언하여 현재에 이르고 있는 거예요. 지금도 자신들의 영토를 되찾으려는 아랍 인들과 크고 작은 분쟁이 끊이지 않고 있답니다.

History

국민당과 공산당으로 갈라진 중국

중화 인민 공화국 수립 (1949년)

　대총통의 자리에 오른 위안스카이는 쑨원과의 약속을 저버리고 일본을 등에 업고 황제가 되었어요. 위안스카이가 죽은 뒤에도 일본을 통해 권력을 잡으려는 사람들이 많았어요. 이때 러시아에서 혁명이 일어나 사회주의 국가가 된 것은 중국의 지식인들에게 큰 자극이 되었어요.

　1919년 5월 4일, 정부가 무조건 일본의 요구를 들어주기로 했다는 사실에 분노한 중국인들이 대규모 반대 시위를 벌였어요. 이것이 바로 5·4 운동이지요. 쑨원은 민중의 힘을 하나로 모으기 위해 국민당을 만들었어요. 한편 사회주의를 받아들인 지식인들은 노동자의 힘으로 혁명을 이루자며 공산당을 만들었지요. 국민당과 공산당은 목표는 서로 달랐지만, 일본을 몰아내는 일이 급하다고 생각해 둘은 서로 손을 잡았어요. 이것을 '제1차 국공 합작'이라고 해요. 그러나 쑨원이 죽고 장제스가 그 뒤를 잇자, 국민당과 공산당은 서로 갈리기 시작했어요. 1928년 난징에 통일 정부를 세운 장제스는 공산당을 공격했어요.

한편 그 무렵 일본은 중국을 침공할 준비를 하고 있었어요. 그러나 장제스가 여전히 공산당을 없애는 데에만 집중하자 중국인들은 그에게 공산당과 손잡아 일본에 대항할 것을 요구했어요. 그제야 장제스는 공산당과 '제2차 국공 합작'을 진행한 뒤 1945년까지 8년 동안 일본군과 맞서 싸웠어요. 이 기간 동안 공산당은 열심히 싸우고 토지 개혁을 실시하여 지지를 얻지만, 국민당 정부는 부패를 일삼아 국민의 신임을 잃어 갔어요.

1945년에 제2차 세계 대전이 끝나고 일본이 물러간 뒤, 국민당과 공산당은 3년에 걸쳐 전쟁을 벌였어요. 가는 곳마다 농민들의 뜨거운 지지를 받은 공산당이 결국 승리하였어요. 1949년 4월, 패배한 국민당은 타이완 섬으로 쫓겨 갔고 그해 10월 1일 공산당을 이끌어 온 마오쩌둥은 베이징 천안문 광장에서 중화 인민 공화국을 세웠답니다.

자본주의와 사회주의로 갈라진 세상

미소 냉전 시대
(1950년대)

제2차 세계 대전이 끝나고 연합국은 패전국을 어떻게 처리할까 하다가 이번에는 독일을 도와주기로 합의했어요. 그런데 미국, 영국, 프랑스는 독일을 자본주의 나라로, 소련은 공산주의 나라로 만들고 싶어 했지요. 결국 독일은 서독과 동독으로 나뉘어 미국과 영국, 프랑스가 서독을, 소련이 동독을 관리하게 되었어요. 독일의 수도 베를린도 반으로 쪼개어졌어요. 소련은 동독에 자본주의가 퍼질까 염려하여 베를린과 서독을 잇는 모든 철도와 도로를 막아 버리기까지 했어요. 이를 '베를린 봉쇄'라고 하지요.

동유럽과 세계 각지에 공산주의를 퍼뜨린 스탈린은 각 나라의 공산당을 하나로 연결하는 조직을 만들고 여러 나라에 공산당 정권을 세웠어요.

한편 미국의 트루먼 대통령은 공산주의 세력에 대항해 싸우는 모든 나라를 지원해야 된다고 뜻을 밝혔어요. 이에 따라 미국의 국무 장관 마셜은 자신의 이름을 딴 마셜 플랜을 발표하여 유럽에 120억 달러를 지원하였어요.

이런 가운데 세계는 점점 미국 중심의 자본주의 세력과 소련 중심의 공산주의 세력으로 나뉘었어요. 미국이 서유럽을 중심으로 '북대서양 조약 기구(NATO)'라는 군사 조직을 만들자, 이에 대항해 소련과 동유럽 국가들은 '바르샤바 조약 기구(WTO)'를 만들었지요. 또한 미국의 마셜 플랜에 대립하여 소련은 '코민포름'이라는 공산주의 국가 정보국과 경제 협력 기구인 '코메콘'을 만들었어요. 경제, 외교 등 각 분야에서 마치 차가운 전쟁을 하는 것 같다 해서 이 시대를 '냉전 시대'라고 하지요.

게다가 동독이 동베를린과 서베를린 한가운데에 베를린 장벽을 세워, 함부로 두 나라 사이를 오가지 못하게 했어요. 베를린 장벽은 냉전 시대의 상징이 되어 버렸어요.

1960년대에 쿠바의 카스트로 혁명 정부가 미국과 사이가 나빠지면서 소련과 친하게 지냈어요. 1962년 소련의 흐루시초프가 쿠바에 미사일 기지를 만들겠다고 하자, 미국의 케네디 대통령은 소련이 미사일을 철수하지 않으면 쿠바를 공격하겠다고 선언했어요. 다행히 소련이 쿠바에서 미사일을 철수하는 대신 미국도 쿠바의 영토를 보전한다는 데 동의하여 전쟁은 일어나지 않았지요. 이 사건을 '쿠바 위기'라고 해요. 냉전으로 사이가 좋지 않던 미국과 소련은 이 사건을 계기로 사이가 더욱 나빠졌어요.

History

체 게바라가 쿠바의 자유를 위해 싸웠어요

쿠바 혁명 (1959년)

중앙아메리카에 위치한 쿠바는 아름다운 해변을 자랑하는 섬이에요. 1492년 콜럼버스가 신항로를 개척한 뒤 1510년부터는 에스파냐의 정복자 벨라스케스가 본격적으로 식민지 정복을 시작하였고, 쿠바의 원주민들은 강제 노동에 시달려야만 했지요. 에스파냐는 아프리카에서 흑인 노예까지 데려와 쿠바의 자원을 빼앗아 갔어요.

쿠바에서는 1868년과 1895년, 두 차례에 걸쳐 독립 전쟁이 일어났지만 해방은 쉽게 이루어지지 않았어요. 그러던 중 1898년 아바나 항에 정박 중이던 미국 군함 메인 호에서 의문의 폭발 사고가 일어났어요. 이 사고로 266명의 미국 해군이 사망하였어요. 미국은 에스파냐가 미국 군함을 공격하여 폭발이 일어났다고 주장하며 에스파냐에 전쟁을 일으켰어요. 결국 미국이 승리하여 쿠바는 에스파냐로부터 독립을 하게 되었어요.

그러나 쿠바의 초대 대통령 팔마는 미국에 유리한 정책을 펼치며 쿠바 경제를 어려움에 빠트리고 말았어요. 1933년에 쿠데타를 일으켜 정권을 잡은 바티스타 대통령도 미국을 등에 업고 독재 정치를 했지요. 정치, 경제의 대부분을 미국에 의존하는 반식민지 상태가 되고 만 거예요.

바티스타 정권의 독재에 맞서 싸우던 변호사 출신의 피델 카스트로는 체 게바라 등과 함께 게릴라 군을 조직하여 1959년 1월에 혁명으로 정권을 잡았어요. 카스트로는 총리가 된 뒤 사회주의 노선을 택하여 미국계 기업과 땅을 모두 국가 소유로 바꾸어 버렸어요.

1956년 쿠바 반정부 혁명군에 들어간 체 게바라는 처음엔 부상병을 치료하는 의사였지만 곧 전투에 참가하여 큰 활약을 보여 주었어요. 쿠바 대혁명이 일어나고 6년 뒤, 그는 집권자 카스트로의 다음가는 지위를 가졌음에도 콩고, 볼리비아 등 다른 나라의 혁명을 지원하기 위해 쿠바를 떠났어요. 그리고 1967년 볼리비아에서 게릴라 군을 조직하여 싸우다 죽음을 맞이하게 되지요. 자유를 향한 그의 모습은 지금도 세계 젊은이들의 우상이 되고 있어요.

History

아프리카의 나라들이 독립을 선언했어요

아프리카의 독립 (1960년)

　1994년 5월, 한 흑인 남자가 환호를 받으며 많은 사람들 앞에 서 있었어요. 그는 남아프리카 공화국의 첫 흑인 대통령으로 당선된 넬슨 만델라였어요. 만델라는 대통령 취임식 날 사람들 앞에서 말했어요.

　"이 아름다운 나라에 사람이 사람에 의해 억압받는 일이 결코, 결코, 결코 다시 일어나서는 안 됩니다. 자유가 넘쳐흐르도록 합시다. 아프리카에 신의 축복이 있기를!"

　만델라는 대통령이 되자마자 '진실과 화해 위원회'를 만들어 백인과 흑인 간의 화해와 용서의 기틀을 마련하였어요.

아프리카의 나라들이 독립하고 흑인들의 인권을 보장하려는 운동이 일어난 것은 그리 오래되지 않았어요. 제2차 세계 대전이 끝난 후에도 제국주의 국가들은 그들의 보물 창고인 아프리카만은 놓지 않으려고 했어요. 1954년에 알제리가 프랑스에 독립 전쟁을 일으킨 것을 시작으로, 아프리카 사람들은 피와 눈물로 독립을 이루어 나갔지요.

영국으로부터 가나의 독립을 이끈 엔크루마는 아프리카의 다른 국가들을 도와, 1960년에 나이지리아를 시작으로 17개 나라가 독립을 이룰 수 있도록 힘썼지요. 그래서 1960년을 '아프리카의 해'라고 불러요. 1963년 '아프리카 통일 기구(OAU)'를 만든 그들은 여러 나라 간의 정치와 경제의 통합을 꾀하고, 비동맹 중립을 선언하며 평화를 유지했어요.

그러나 독립 이후, 아프리카 나라들은 제국주의 국가들이 마음대로 정해 놓은 국경선 문제와 한 나라 안에 있는 여러 부족들 간의 문화적 차이로 인해 싸우기 시작했어요. 몇몇 나라에서는 군인들의 독재가 이어졌지요.

남아프리카 공화국에서는 인종에 따라 사람을 차별하는 법인 '아파르트헤이트'가 있었어요. 흑인과 백인 간의 결혼은 불법이고 음식점, 화장실까지 따로 구분할 정도로 흑인에 대한 차별이 아주 심했답니다.

차별이 계속되자 흑인들이 '아프리카 민족 회의'라는 단체를 만들어 저항하기 시작했어요. 저항의 중심에는 만델라가 있었어요. 만델라는 죽을 때까지 감옥에 갇히는 형벌을 선고받았지만 전 세계의 양심 있는 사람들이 석방 운동을 벌인 끝에 1990년, 풀려날 수 있었어요. 노벨 평화상을 받은 그는 1994년에는 남아프리카 공화국의 첫 흑인 대통령이 되었어요.

History

끊임없이 독립 전쟁을 치른 베트남

베트남 전쟁
(1960~1975년)

베트남은 아주 먼 옛날부터 중국의 지배를 받고 있었어요. 긴 역사 속에서 새로운 나라와 왕조가 생기고 자유를 얻기 위한 전쟁도 계속되었지요.

1771년, 베트남 최초의 농민 반란인 '떠이 썬 반란'이 일어나 원래 베트남을 다스리던 응웬 가문과 후 레 왕조가 무너지고 떠이 썬 왕조가 세워졌지요. 이때, 응웬 가문의 왕자가 프랑스의 도움을 받아 '비엣남'이라는 국호로 베트남 전체를 통일했어요. 이것이 베트남의 마지막 왕조인 응웬 왕조예요.

응웬 왕조가 프랑스보다 중국과 가까이 지내자, 프랑스 군이 베트남을 공격하기 시작했어요. 결국 1883년, 베트남은 프랑스의 식민지가 되었어요.

베트남은 프랑스를 상대로 끊임없이 독립운동을 이어 나갔어요. 1930년에는 사회주의 성향의 민족주의자들이 베트남 공산당을 결성하여 독립운동을 했지요. 이 공산당을 이끈 사람은 호찌민이었어요. 제2차 세계 대전 때 프랑스가 독일의 침공을 받아 세력이 약해지자, 일본이 베트남의 보호국이 되었다가 전쟁이 끝나며 일본도 물러나게 되었지요.

베트남 공산주의자들은 응웬 왕조를 무너뜨리고 호찌민을 주석으로 하는 '베트남 민주 공화국'을 수립하여 독립을 선언했어요. 그러나 프랑스가 계속하여 베트남을 포함한 인도차이나 지역의 지배권을 주장하여 1946년에 두 나라는 인도차이나 전쟁을 시작하게 되었어요.

8년간의 전쟁 끝에 1954년 베트남은 제네바 협정으로 공식적인 독립을 이루었지요. 그러나 남과 북으로 갈라진 채 이루어진 독립이었어요. 미국, 영국, 프랑스, 소련, 중국, 남베트남, 북베트남, 라오스, 캄보디아 등 9개국이 참가한 제네바 회의에서 북위 17도 선을 기준으로 북부는 호찌민의 베트남 민주 공화국, 남쪽은 미국의 지원을 받는 베트남 공화국으로 갈라졌어요.

남북으로 분단된 뒤 차츰 베트남 공화국에서 공산당의 지지가 늘어나자, 미국은 이를 막기 위해 1960년에 베트남 전쟁을 시작했어요. 미국의 요청으로 대한민국, 필리핀, 태국에서도 군대를 보내 지원하였어요. 하지만 전쟁이 10년 넘게 계속 이어지자 1973년 파리 협정을 맺고 미군은 철수하게 되지요. 1975년 베트남 민주 공화국의 지원으로 베트남 공화국의 도시 사이공이 점령되며 베트남 전쟁은 막을 내렸어요. 하노이를 수도로, 사이공의 이름을 호찌민 시로 바꾸면서 베트남 사회주의 공화국이 탄생하였어요.

History

베를린 장벽이 무너지고 독일이 통일되었어요

독일의 통일 (1989년)

　소련과 미국을 중심으로 하는 냉전 체제는 시간이 지나면서 조금씩 변화하였어요. 동유럽 국가들이 소련에 반대하는 움직임을 보이기 시작한 것이지요. 유럽의 경제가 회복되면서 유럽 공동체(EC)가 만들어지고, 미국에게 경제적인 도움을 서서히 받지 않았어요.

　1960년대에 체코슬로바키아(동유럽의 체코와 슬로바키아가 분리되기 전의 연방 국가)는 경제 개혁을 실시하였어요. 경제 활동에 정부가 간섭하는 것을 제한하고, 시장 경제의 원리를 도입하려고 했어요. 이것이 정치에서는 민주화를 요구하는 것으로 발전하여 공산당의 권한을 제한하려는 개혁이 일어났어요.

소련은 체코슬로바키아의 개혁이 소련에 대한 도전이라고 생각해 군대를 동원해서 무력으로 진압했어요. 이로써 체코슬로바키아의 민주화 운동은 실패로 끝나고 말았지요. 이 민주화 운동을 '프라하의 봄'이라고 해요. 그러나 당장의 실패가 동유럽에 불어오는 민주화의 바람을 멈추게 할 순 없었어요.

폴란드에서 노동자로 있던 바웬사는 1980년 정부와 공산당의 통제를 받지 않는 노동조합을 만들었어요. 동유럽 중 공업화가 가장 잘 진행된 체코슬로바키아는 자본주의 국가의 기술을 받아들여 세계에 뒤처지지 않는 기술을 가지도록 했고, 헝가리는 기업의 자유를 강화했지요.

베를린 장벽을 사이에 두고 분단되었던 서독과 동독은 서로의 존재를 인정하고 함께 국제 연합에도 가입했으며, 1980년대 초부터는 직접적인 교류를 시작했지요. 마침 1980년대 동유럽에서 불어온 개혁과 자유화 바람이 독일의 통일에 힘을 실어 주었어요.

1989년, 약 200만 명이나 되는 동독 사람들이 서독으로 탈출했고, 9월에 시작된 민주화 요구 시위는 한 달이 넘도록 계속되었어요. 결국 독재 정권을 몰아내는 데 성공하면서, 동독 정부는 선거를 통해 서독과 통합하겠다는 결정을 내리게 되었답니다.

1989년 11월 9일, 마침내 베를린 장벽이 활짝 열렸어요. 사람들은 저마다 망치와 삽을 들고 나와 장벽을 허물어뜨리며 서로 부둥켜안고 기쁨을 나누었어요. 이듬해인 1990년, 합법적인 선거를 통해 마침내 동독과 서독이 분단된 지 41년 만에 하나가 되었답니다.

History

소련이 무너지고 러시아와 독립 국가들이 생겼어요

소련의 해체 (1991년)

1985년 고르바초프가 소련의 새 서기장(공산당의 최고 지도자)이 되었을 때, 소련 경제는 사실상 파산 상태에 가까웠어요. 고르바초프는 경제를 살리기 위해 개혁을 주장해 온 사람들의 의견을 받아들이고, 그들을 적극적으로 등용했어요. 기업의 경제 활동을 국가가 통제하지 않고, 다른 나라와의 무역 활동도 넓혔어요. 또한 정치범을 풀어 주고, 언론 자유 등이 이루어지자 중앙 정부의 권력은 급속히 약해졌어요. 그는 개혁을 계속 실행하기 위해 1990년 대통령제를 도입하여 공산당의 힘을 누르려고 했지요.

고르바초프의 정책에 소련의 보수파 세력은 불만이 쌓여 1991년 8월에 쿠데타를 일으켰고, 고르바초프는 서기장 자리에서 물러날 위기에 처했어요. 그러자 소련의 수도였던 모스크바 시민들은 쿠데타 세력의 장갑차에 맨손으로 맞서며 격렬히 저항했지요. 러시아에서도 쿠데타 세력을 비난하며 모든 국민들이 저항할 것을 촉구했어요. 결국 보수파의 쿠데타는 3일 만에 실패로 끝나고 말았어요. 하지만 고르바초프의 힘은 바닥으로 떨어졌어요.

그해 9월 리투아니아와 에스토니아, 라트비아 등 발트 해 연안의 3개 공화국이 소련으로부터의 독립을 요구했어요. 그러자 다른 공화국들도 독립을 요구하면서 소련을 해체해야 한다는 목소리를 높였어요. 1991년 12월에는 러시아와 우크라이나의 대통령, 벨라루스의 최고회의 의장이 소련의 해체를 알리며 '독립 국가 연합(CIS)'를 결성했어요. 그러자 고르바초프는 크게 반대하였어요.

"무슨 말이야? 3개국의 합의로 소련의 운명을 결정할 수는 없어!"

그러나 나머지 공화국들도 속속 독립 국가 연합에 가입하자 고르바초프도 더 이상 막을 길이 없었어요. 고르바초프는 소련의 대통령 자리에서 물러나고, 모든 권력을 러시아 대통령에서 넘겨주었어요. 소련의 최고회의는 1991년 12월 26일 마지막 회의에서 소련 해체를 공식 선언했고 붉은색 바탕에 낫과 망치가 그려진 소련 국기가 크렘린 궁에서 내려졌지요.

이로써 소련은 역사 저편으로 사라지고 러시아가 소련을 뒤이은 나라가 되었어요.

History

오늘날에도 전쟁은 계속되어요

9·11 테러 (2001년)

2001년 9월 11일 오전 8시 45분, 뉴욕의 아침은 여느 날과 다름없이 바쁘게 시작했어요. 뉴욕의 한 사무실에서 일하는 제임스도 아침 일찍 출근해 동료와 이야기를 나누고 있었어요. 그때 제임스는 비행기 한 대가 사무실 근처에 있는 세계 무역 센터 건물을 향해 날아가는 것을 보았어요.

"저길 봐. 비행기가 저렇게 나는 거 봤어? 꼭 건물에 부딪힐 거 같아."

"정말! 비행기 방향이 이상한데?"

그 순간 비행기가 110층짜리 세계 무역 센터 북쪽 건물에 충돌했어요. 너무 큰 충격에 제임스와 동료는 다리에 힘이 풀릴 정도였어요.

"뭐, 뭐야! 어떻게 된 일이지?"

"저기! 저기 또 한 대가 날아 와!"

9시 3분, 이번에는 또 다른 비행기 한 대가 세계무역센터의 남쪽 건물로 날아왔어요. 세계 경제와 무역의 중심지가 순식간에 아수라장이 되었어요. 뉴욕을 상징하던 건물이 순식간에 무너지고 그곳과 주변에서 일하던 수많은 사람들이 목숨을 잃었어요.

곧이어 9시 37분에는 미국 국방부 건물이 항공기의 공격을 받았고, 10시 10분에는 테러를 시도한 것으로 보이는 항공기 한 대가 펜실베이니아에 추락했어요. 전 세계는 참담함과 충격 속에서 테러 소식을 접하며 세계 무역 센터가 붕괴되는 모습을 볼 수밖에 없었어요. 이 사건으로 인명 피해만도 6,300여 명이나 되었고, 경제적 피해도 셀 수 없을 정도로 많았어요.

당시 미국의 부시 대통령은 이 사건을 '미국에 대한 명백한 테러 공격'으로 규정짓고, 테러에 가담한 사람들에 대해 사전 경고 없이 보복할 것을 발표하며 '21세기 첫 전쟁'이라고 했어요.

9·11 테러는 이슬람 세력 가운데 오사마 빈 라덴과 그를 따르는 알 카에다 등 이슬람 테러 조직들이 가담했을 것으로 추측되었어요. 그래서 미국은 테러 조직들이 있는 곳으로 추정되는 아프가니스탄 주변을 공격했고, 곧이어 아프가니스탄 전역을 함락시켰어요. 2003년 3월 20일에는 이라크 전쟁을 일으켰고, 2011년 5월 1일에는 오사마 빈 라덴을 찾아내어 사살했어요.

이처럼 전쟁은 전쟁을 낳고, 폭력이 평화를 불러올 수 없다는 것을 알 수 있어요.

한눈에 보는 역사 연표

세계사 / 한국사

- **약 350만 년 전** 최초의 인류 출현
- **BC3500~BC2000년** 4대 문명(메소포타미아, 이집트, 인더스, 중국) 발생
- **BC559년** 페르시아 제국 건국
- **BC5세기** 아테네의 민주 정치 활발
- **BC492~BC448년** 그리스 vs. 페르시아 전쟁

- **BC8000년경** 신석기 시대 빗살무늬 토기 사용
- **BC2333년** 단군 고조선 건국

- **800년** 카롤루스 대제가 서로마의 황제가 됨.
- **618년** 중국 당나라 건국
- **7세기 초** 이슬람교의 탄생
- **476년** 서로마 멸망
- **375년** 훈 족이 로마 침입

- **918년** 왕건이 고려 건국
- **713년** 대조영이 발해 건국
- **676년** 신라의 삼국 통일
- **632년** 신라의 선덕 여왕 즉위
- **612년** 수나라 vs. 고구려 살수대첩
- **527년** 신라의 불교 공인

- **860~870년경** 바이킹이 아이슬란드 발견
- **1077년** 카노사의 굴욕
- **1096~1272년** 십자군 전쟁
- **1206년** 칭기즈 칸이 몽골 부족 통일
- **1339~1453년** 백 년 전쟁

- **956년** 고려 광종의 노비안검법 실시
- **1135년** 묘청의 서경 천도 운동
- **1170년** 고려 무신 정권

- **1688년** 영국의 명예혁명
- **15~19세기** 영국 인클로저 운동
- **1682~1725년** 러시아 표트르 대제의 개혁 정치
- **17세기** 루이 14세의 절대 정치
- **1636년** 중국 청나라 건국

- **1636년** 조선 vs. 청나라 병자호란

- **18세기** 영국의 산업 혁명
- **1776년** 미국의 독립
- **1788년** 유럽 인의 호주 정착
- **1789~1794년** 프랑스 혁명
- **1769~1821년** 프랑스의 나폴레옹 정권

- **18세기** 영조의 탕평책 실시
- **1796년** 수원 화성 건설

- **1930년** 간디의 단디 행진
- **1930년대** 전체주의 국가
- **1929년** 세계 대공황
- **1919년** 베르사유 조약
- **1917년** 러시아 혁명

- **1920년대** 일본의 민족 말살 정책
- **1919년** 3·1 운동

- **1939~1945년** 제2차 세계 대전
- **1948년** 이스라엘 건국
- **1949년** 중화 인민 공화국 수립
- **1950년대** 미국 vs. 소련 냉전 시대
- **1959년** 쿠바 혁명

- **1945년** 광복
- **1950년** 한국 전쟁

| BC400년경 제자백가 활동 | BC6세기경 불교의 탄생 | BC4세기경 알렉산드로스 대왕의 정복, 헬레니즘 문화 전파 | BC264~BC202년 로마vs.카르타고 페르시아 전쟁 | BC221년 진나라가 중국 통일 |

BC194년 위만 조선 건국

BC37년 주몽이 고구려 건국

| 3~4세기경 아프리카 가나 왕국 건국 | 30년경 크리스트교의 탄생 | BC63~14년 로마 아우구스투스 집권 | BC139년 한나라 장건의 비단길 개척 | BC202년 중국 한나라 건국 |

| 391년 고구려 광개토 대왕 즉위 | 4세기 말 백제 문화가 일본으로 전파 | 42년 가야 건국 | BC18년 온조가 백제 건국 | BC57년 박혁거세가 신라 건국 |

| 1346년 유럽에 흑사병 창궐 | 1368년 중국 명나라 건국 | 14~16세기 유럽 르네상스 | 1405년 구텐베르크의 인쇄술 | 1492년 콜럼버스 신항로 개척 |

| | 1374년 고려 공민왕 살해 | 1392년 이성계가 조선 건국 | 1446년 세종 대왕이 《훈민정음》 반포 | 1485년 《경국대전》 출간 |

| 1600년 영국의 동인도 회사 설립 | 1590년 일본의 통일 | 1526년 인도의 무굴 제국 건국 | 1521~1533년 아스테카, 잉카 멸망 | 1517년 루터의 종교 개혁 |

1592년 임진왜란 발발

| 1819년 남미의 해방 | 19세기 중국의 근대화 운동 | 1848년 마르크스의 공산당 선언 | 1857년 인도 세포이 항쟁 | 1861~1865년 미국의 남북 전쟁 | 1868년 일본의 메이지 유신 |

| | | | | 1871년 미국vs.조선 신미양요 | 1876년 조선과 일본의 강화도 조약 |

| 1914~1918년 제1차 세계 대전 | 1911년 중국의 신해혁명 | 1898년 영국, 프랑스에 의해 아프리카 분할 | 1894~1895년 청일 전쟁 | 1871년 독일의 통일 |

| | 1910년 한일 병합 조약 | 1897년 대한 제국 건국 | 1895년 동학 농민 운동 | 1894년 일본군이 명성 황후 시해 |

| 1960년 아프리카 나라들의 독립 | 1960~1975년 베트남 전쟁 | 1989년 독일의 통일 | 1991년 소련의 해체 | 2001년 미국 9·11 테러 |

| 1960년 4·19 혁명 | 1972년 유신 헌법 제정 | 1980년 5·18 광주 민주화 운동 | 1987년 6월 민주화 항쟁 | 1992년 일본군 위안부 할머니들의 첫 수요 집회 |

유래를 통해 배우는 초등 사회 13 세계사
그래서 이런 세계사가 생겼대요

초판 발행 _ 2015년 10월 1일
초판 3쇄 발행 _ 2020년 1월 31일

글쓴이 _ 우리누리
그린이 _ 우지현
발행인 _ 이종원
발행처 _ 길벗스쿨
출판사 등록일 _ 2006년 6월 16일
주소 _ 서울시 마포구 월드컵로 10길 56 (서교동)
대표전화 _ (02) 332-0931 / 팩스 _ (02) 322-3895
홈페이지 _ school.gilbut.co.kr / 이메일 _ gilbut@gilbut.co.kr

기획 및 책임편집 _ 박수선(hyangkie@gilbut.co.kr)
영업마케팅 _ 진창섭, 강요한 / 웹마케팅 _ 조승모, 황승호 / 영업관리 _ 정경화 / 독자지원 _ 송혜란, 홍혜진

디자인 _ 윤현이 / CTP출력 및 인쇄 _ 상지사피앤비 / 제본 _ 상지사피앤비

ⓒ 우리누리 2015

잘못된 책은 구입한 서점에서 바꿔 드립니다.
이 책에 실린 모든 내용, 디자인, 이미지, 편집 구성의 저작권은 길벗스쿨과 지은이에게 있습니다.
허락 없이 복제하거나 다른 매체에 옮겨 실을 수 없습니다.

ISBN 978-89-6222-868-7 (73910)
      978-89-6222-378-1 SET
     (길벗스쿨 도서번호 200192)

독자의 1초를 아껴주는 정성 길벗출판사

(주)도서출판 길벗 | IT실용서, IT/일반 수험서, IT전문서, 경제실용서, 취미실용서, 건강실용서, 자녀교육서
더퀘스트 | 인문교양서, 비즈니스서
길벗이지톡 | 어학단행본, 어학수험서
길벗스쿨 | 국어학습서, 수학학습서, 유아학습서, 어학학습서, 어린이교양서, 교과서

• 사진 출처 및 제공 •

13쪽 루시의 화석 - 위키미디어(120) / 15쪽 함무라비 법전 - 위키미디어(Mbzt) / 19쪽 피라미드 - 위키미디어(Ikiwaner)
21쪽 갑골 문자 - 위키미디어(Locutus Borg) / 27쪽 도편 추방제 도자기 조각 - 위키미디어(Butko)
61쪽 당삼채 - 위키미디어(Zhangzhugang) / 67쪽 카노사의 굴욕 - 위키미디어(GDK) / 71쪽 앙코르 와트 - 위키미디어(Uspn)
93쪽 마추픽추 - 위키미디어(S23678) / 125쪽 아편 전쟁 - 위키미디어(Spellcast) / 151쪽 베르사유 조약 - 위키미디어(Ssolbergj)
161쪽 나치 수용소 아이들 - 연합뉴스

• 길벗스쿨은 이 책에 실린 사진의 출처를 찾기 위해 최선을 다했습니다. 누락이나 착오가 있다면 다음 쇄를 찍을 때 꼭 수정하겠습니다.